GEORGE ORWELL

LIBERDADE E TOTALITARISMO

ONZE DOSES DE SANIDADE EM TEMPOS DE CENSURA

LVM EDITORA

Título original: *Literature and Totalitarianism: The Prevention of Literature; Freedom of the Park; The Freedom of the Press; Some Thoughts on the Common Toad; Can Socialists Be Happy?; In Front of Your Nose; Writers and Leviathan; Politics and the English Language; Notes on the Way; The Frontiers of Art and Propaganda.*

Direitos autorais © 2025- edição LVM Editora

As opiniões e os comentários feitos nesta publicação são pessoais e não representam necessariamente a opinião das instituições as quais os autores estão vinculados.

Os direitos desta edição pertencem à LVM Editora, sediada na
Av. das Nações Unidas, nº 18.801 - 4º Andar - Sala 407
Jardim Dom Bosco - São Paulo-SP - CEP: 04757-025
contato@lvmeditora.com.br

Editor-Chefe | Pedro Henrique Alves
Editora Assistente | Geizy Novais
Organização | Pedro Henrique Alves
Tradução | Equipe LVM
Capa | Sara Vertuan
Diagramação e Projeto Gráfico | Rogério Salgado

Dados Internacionais de Catalogação na Publicação (CIP)
Angélica Ilacqua CRB-8/7057

0871	Orwell, George, 1903-1950
	Liberdade e totalitarismo : onze doses de sanidade em tempos de censura / George Orwell ; tradução equipe LVM. - São Paulo : LVM Editora, 2025. 160 p.
	ISBN 978-65-5052-286-5
	Títulos originais: Literature and Totalitarianism; The Prevention of Literature; Freedom of the Park; The Freedom of the Press; Some Thoughts on the Common Toad; Can Socialists Be Happy?; In Front of Your Nose; Writers and Leviathan; Politics and the English Language; Notes on the Way; The Frontiers of Art and Propaganda.
	1. Política e governo - Ensaios 2. Totalitarismo 3. Censura 4. Literatura - Aspectos políticos 5. Liberdade de expressão I. Título
25-2760	CDD: 320.9

Índices para catálogo sistemático:
1. Política e governo - Ensaios

Reservados todos os direitos desta obra.
Proibida a reprodução integral desta edição por qualquer meio ou forma, seja eletrônica ou mecânica, fotocópia, gravação ou qualquer outro meio sem a permissão expressa do editor.
A reprodução parcial é permitida, desde que citada a fonte.
Esta editora se empenhou em contatar os responsáveis pelos direitos autorais de todas as imagens e de outros materiais utilizados neste livro. Se porventura for constatada a omissão involuntária na identificação de algum deles, dispomo-nos a efetuar, futuramente, as devidas correções.

Sumário

Prefácio | Profeta contemporâneo 5

Introdução | George Orwell e o cativeiro das palavras 11

Literatura e Totalitarismo 21

Salvem a literatura 27

Liberdade do parque... 49

A liberdade de imprensa...................................... 55

Algumas reflexões sobre o sapo comum 71

Por que os socialistas não acreditam em diversão............... 79

Na frente de seu nariz 91

Escritores e o Leviatã....................................... 99

Política e a língua inglesa.................................... 111

Notas ao longo do caminho 139

As Fronteiras da Arte e da Propaganda........................ 147

Posfácio | Liberdade sob Cerco: O Eco de Orwell

no Brasil do século XXI 151

PREFÁCIO

Profeta contemporâneo

Alexandre Garcia

Quando fui a Londres pela primeira vez, ainda no século passado, logo tratei de ver a casa onde morou George Orwell (Eric Arthur Blair) em *Portobello Road*. Passei a admirar o escritor depois de ler *A Revolução dos Bichos,* adquirido nos anos 1960, na Feira do Livro de Porto Alegre. Publicação da Editora Globo, dos Irmãos Bertaso com tradução de Heitor Ferreira. O tradutor, anos depois, tornou-se um de meus melhores amigos e decisivo conselheiro. Orwell ia me surpreendendo à medida em que os fatos políticos em meu país e no mundo robusteciam o que ele satirizava em *Animal's Farm*. Em 1970, ainda na faculdade de jornalismo, mergulhei no outro clássico de Orwell: *1984*. A data, então futura, soava como um alerta sobre as liberdades, que são a essência dos direitos humanos e da democracia. Passou o ano de 1984 e a *Oceania* da sátira ao totalitarismo foi se mostrando um país muito semelhante ao Brasil, à medida em que lia os jornais brasileiros e relia o *1984*.

Hoje nos agrupamos politicamente em dois lados, como se vigorasse a regra de "quatro pernas, bom; duas pernas ruim". Mas, em geral, o que temos de realidade é que volta e meia vemos duas pernas dançando e confraternizando com os porcos, e eles se confundem, como no final de *Revolução dos Bichos*. Igualmente as inversões criadas por Orwell em *1984* já são oferecidas pela mídia em nossa cultura: "Guerra é Paz; Liberdade é Escravidão; Ignorância é Força". Se *1984* quis denunciar o regime soviético, o livro hoje nos alerta que a ideologia que criou a URSS adota outros nomes – progressismo, ambientalismo, feminismo, woquismo – para se infiltrar pelo mundo, com as artimanhas de um Irmão mais Velho (Big Brother) sutil, chamado Antonio Gramsci.

Precisei ler os originais destes ensaios sobre liberdade, para fazer esta apresentação. Então descobri mais Orwell, o pensamento que está na essência de seus livros publicados. Aí, percebi que o totalitarismo é como ondas do mar na praia. Quando encontra resistência, recua, mas volta outra vez, e vai erodindo a areia e vai puxando-a para suas águas. No primeiro texto deste livro, publicado na BBC em 1941, quando a Europa tinha Stalin, Hitler e Mussolini, Orwell afirma que o totalitarismo havia abolido a liberdade de pensamento "num grau jamais visto em qualquer época anterior". E que não apenas proíbe a expressão, mas dita o que se deve pensar, criando uma ideologia, um código de conduta, evitando que as pessoas acessem a padrões de comparação.

Fico imaginando o quanto estamos perto disso de novo. É uma onda que volta. Como as ondas de Stalin e Hitler já estão "fichadas", identificadas – fascismo e comunismo –, cria-se uma "nova" ideologia, para dar uma *ressetada* no mundo, o mundo *woke*, ambientalista, feminista, transgênero, habitado por ingênuos e bons *Eloys* prontos para serem escravizados pelos *Morlocks*, como em *A Máquina do Tempo* de H.G.Wells, que Orwell muito leu. Belos e inocentes avatares, fáceis de conduzir, pois o Estado pensa por eles, os alimenta e lhes dá teto. Para os rebeldes, os que querem ser donos de seus corações, mentes e corpos, vem a censura que, descumprida, leva à masmorra. E na pátria da liberdade e do liberalismo econômico, o Partido Democrata ajudou para que o resto do mundo fosse impedido de ter um padrão de comparação. Ao contrário, gerou os modismos que solapam a liberdade individual. Nem Deus fez isso. Se fosse autoritário, não seria Deus. A religião cristã nos ensina que temos livre-arbítrio. Num voto brilhante sobre liberdade de expressão nas redes digitais, o Ministro do Supremo, André Mendonça, mostrou que se pode duvidar de Deus – não é crime – mas é considerado crime duvidar da Justiça Eleitoral[1].

Os ensaios de Orwell há oitenta anos se enquadram perfeitamente no Brasil de hoje. Por causa das omissões

---

1. É possível ler a íntegra do citado voto do ministro André Mendonça, transcrito, no link a seguir: https://www.poder360.com.br/poder-justica/duvidar-de-deus-nao-e-crime-leia-a-integra-do-voto-de-mendonca/. (N. E.)

de quem deveria, por princípio pétreo de jornalismo, denunciar agressões à liberdade. Assim como Orwell denunciava nos anos 1940, hoje, aqui, há monopólios de mídia jungidos[2] à dependência financeira do Estado, ajuda a artistas por agências estatais, jornalistas empregados no Estado e intelectuais dependentes de favores de governo. Os que seguem caminhos próprios são segregados pela esquerda como rebeldes egoístas. Orwell se refere até a um episódio de prisão de vendedores de jornais esquerdistas por uma polícia londrina que não abordaria jornaleiros de outros matizes ideológicos. Aqui tivemos uma edição de *Crusoé* silenciada e um documentário do *Brasil Paralelo*, por exemplo. Atuais esses ensaios dos anos 1940, mostrando os mesmos padrões do totalitarismo aqui no Brasil. Assim como liberdade de expressão é a maior caraterística de uma democracia, censura é o maior identificador de uma tirania.

Naqueles anos em que eu estava na primeira infância, Orwell afirmou, como o leitor vai encontrar aqui, que a liberdade de expressão depende da opinião pública. Se a maioria defender a liberdade de expressão, haverá liberdade de expressão, mesmo que a lei invente censura. A recíproca é verdadeira: o silêncio da opinião pública permite que o estado censure. Em tempos digitais, as redes sociais são a opinião pública – que não quer censura. Por causa disso, querem censurar as redes sociais, uma vez que os monopólios que antes conduziram a opinião pública são meios cada vez menos frequentados pelas pessoas.

---

2. Algo ou alguém que foi ligado, unido, emparelhado, ou submetido. (N. E.)

PROFETA CONTEMPORÂNEO

Aqui no Brasil alega-se que os métodos usados pelo Estado (*Big Brother*) são para defender a democracia. Ora, não se defende a democracia ignorando a Constituição. Ignorar a Constituição é praticar o arbítrio, totalitarismo. Orwell, em seus ensaios publicados nos anos 1940, mostra a alegação marxista da época, de que só por métodos totalitários se pode defender a democracia. Absolutamente afinados com essa ideia são os que a põem em prática no caso do 8 de janeiro de 2022. A falácia marxista mostrada por Orwell é a de que se alguém ama a democracia, deve esmagar seus inimigos por qualquer meio e atacar os que têm "doutrinas equivocadas", destruindo toda independência do pensamento. Não percebem, alerta Orwell, aqueles que aprovam e incentivam medidas arbitrárias, que pode chegar o momento deles também.

Percebe-se que os intelectuais de esquerda da época de Orwell são modelos de muitos dos nossos intelectuais. O escritor lamenta que digam tanta bobagem sobre defender a liberdade contra o fascismo. E olhem que o perigo estava bem ali do outro lado do Canal da Mancha. "São intelectuais que querem sujar o intelecto". No mundo, no século passado, era vestibular para ser aceito no mundo artístico das letras, teatro, artes plásticas, ser simpatizante ou filiado do Partido Comunista que, embora tenha combatido o nazismo, está muito próximo dele, pois ambos estão igualmente distantes da democracia, das liberdades.

Recém criada a ONU, Orwell, ironicamente, mostra que ela precisa ter eficácia para se sobrepor a grandes e pequenos Estados, poder de inspecionar e controlar arma-

LIBERDADE E TOTALITARISMO

mentos em todos os países e ter uma força armada de paz própria, maior que qualquer outra do mundo. Se assim não for, a utilidade das Nações Unidas para a paz mundial é nula. O homem é realmente um profeta. E como paz é guerra, o PSOL pediu à ONU o fechamento das escolas cívico-militares brasileiras. *Oceânia.*

Num dos ensaios, você vai descobrir o quanto são velhos os rótulos ideológicos. Nos anos 1940 a esquerda se rotulava progressista, democrática, revolucionária, enquanto carimbava nos demais "burguês", "reacionário", "fascista". Fico lembrando do "dedo-duro" do período militar, como seria aplicável hoje a jornalistas, durante a pandemia e depois. E ressurgiu dos tempos de Hitler o exercício do antissemitismo. Só que não é do nazismo atual, mas da esquerda, no Brasil e no mundo. Orwell parece que tinha bola de cristal focada no Brasil de hoje, quando escreveu, num ensaio que você vai ler neste livro, que a esquerda fora da União Soviética, quando fez seu programa ideológico, era pura teoria, não tinha perspectiva de um dia ser eleita para governar. Mas aí chegou o dia e tinha de pôr em prática seus planos utópicos, que serviam apenas para propaganda. Na prática, foi o desastre, o caos.

Por fim, Orwell nos deixa regras para escrever bem, isto é, ser entendido plenamente por quem nos lê. Uma delas parece ter sido inspirada no tenente de cavalaria Winston Churchill, mais de quarenta anos antes: "Das palavras, as mais simples; entre as mais simples, as menores". Penso que essa regra é essencial para escrever e ser entendido.

Fico imaginando George Orwell vivendo no Brasil de hoje. Escreveria um "2025"?

INTRODUÇÃO

George Orwell e o cativeiro das palavras

Dennys G. Xavier

A história da liberdade é, em última instância, a história do sentido. Sempre que a linguagem foi honesta, os homens puderam se orientar no mundo. Sempre que foi pervertida, tornaram-se súditos de ficções e servos de sombras. A linguagem é a primeira arquitetura da realidade; por isso, quando é corrompida, não apenas as palavras perdem sua função, mas a própria realidade se converte em simulacro.

George Orwell, em sua lúcida brutalidade, compreendeu esse drama com mais clareza que a maioria dos filósofos de seu tempo. *1984* é uma obra de política ficcional apenas na aparência: em sua substância, é uma investigação ontológica sobre o poder da linguagem de deformar o ser, de reescrever a memória e de matar a verdade. A criação da "novilíngua" não é apenas uma invenção de um Estado distópico, mas o retrato impiedoso da operação linguística totalitária que se infiltra em regimes, escolas, jornais e tribunais. Para fins de registro, vemos o mesmo acontecer hoje no Brasil (mas não só aqui).

Sim, a perda da linguagem moral e jurídica precisa preceder a perda da liberdade, pois, sem os termos corretos para nomear a injustiça, torna-se impossível combatê-la. É nesse horizonte que a manipulação linguística se revela como uma das mais sofisticadas ferramentas de dominação: ela não se impõe pela força, mas pelo convencimento narcótico. Não censura frontalmente, apenas esvazia; não proíbe, apenas reconfigura o dicionário.

Quando se afirma, por exemplo, que "censura não é censura, mas regulação do discurso", ou que "mentira é apenas narrativa alternativa", entra-se no território da perversão semântica. O que Orwell mostra é que o verdadeiro totalitarismo não se limita a matar corpos ou prender dissidentes: ele deseja reescrever os significados. Quer que os homens aceitem, como um ato de sanidade, que dois mais dois são cinco. A obediência não será mais à força do Estado, mas à lógica invertida das palavras domesticadas.

Essa é a mecânica do que Rothbard chamaria de "opressão ideológica institucionalizada". O controle da linguagem pelo Estado é o passo anterior à imposição de políticas coercitivas: primeiro cala-se o sentido, depois cala-se o cidadão. Afinal, quem já não tem palavras para descrever sua própria escravidão não será capaz de pedir por liberdade.

A deturpação da linguagem é, portanto, o antídoto contra o pensamento. E isso não apenas em regimes totalitários abertos, mas também nas democracias modernas que transformaram a linguagem jurídica em véu, a linguagem educacional em propaganda, e a linguagem jornalística em catecismo. A linguagem pública tornou-se, muitas vezes, um ritual de ocultação, não mais a busca da verdade, mas a gestão de percepções.

A esse respeito, Viktor Frankl alertava em *Em Busca de Sentido*: "Quando o homem deixa de buscar o sentido, ele aceita qualquer substituto, mesmo que esse substituto seja a mentira institucionalizada". Quando a linguagem é capturada por ideologias, por algoritmos ou por Estados missionários, ela não mais ilumina o mundo: ela o encobre, como uma fumaça.

É por isso que a batalha contemporânea pela liberdade começa pela reconquista do vocabulário. Nomear corretamente é o primeiro ato de resistência. Dizer "censura" quando há censura, dizer "mentira" quando há manipulação, dizer "verdade" mesmo quando ela é inconveniente; isso já é, como Orwell escreveria, um ato revolucionário. A liberdade não exige apenas instituições: exige palavras que ainda signifiquem.

Mas George Orwell não foi apenas um romancista que descreveu regimes opressores com virtuosismo literário e atenção focada no uso do discurso. Ele foi, sobretudo, um pensador ético, alguém que compreendeu, com singular clareza, que a liberdade humana não repousa sobre a mera ausência de coerção física, mas sobre a integridade da verdade na esfera pública. Sua obra é uma anatomia da mentira enquanto instituição: não como desvio ocasional, mas como método sistêmico de governo.

Na distopia orwelliana, o poder não se contenta em reprimir comportamentos. Ele precisa reescrever a história, apagar as memórias, fabricar consensos e reconstruir o passado conforme os interesses do presente. O Ministério da Verdade, cuja função é falsificar documentos, é a metáfora mais incisiva daquilo que Ludwig von Mises chamaria de "mentira planificada", a manipulação centralizada do conhecimento em favor de uma elite estatal que se pretende infalível. Ora, essa lógica não se limita a ditaduras explícitas. Em sua crítica aos intelectuais socialistas ingleses, Orwell denunciava um tipo mais sutil de mentira: aquela produzida pela covardia moral e pelo conformismo intelectual. A mentira que se instala não por imposição direta, mas por conveniência, por medo do ridículo, por medo da dissidência. É a mentira vestida de prudência, a omissão disfarçada de civilidade. É neste ponto que Orwell transcende o campo literário e entra no domínio mais profundo da filosofia política: ele reabilita a verdade como fundamento da liberdade. Não a verdade dogmática, imposta de cima, mas a verdade como compromisso ético do indivíduo com o real, mesmo quando isso o isola, o marginaliza ou o condena (o quanto de coragem sobra quando os princípios estão em jogo?). A liberdade, para Orwell, não é simplesmente o direito de falar; é o dever de dizer a verdade quando todos preferem mentir. O homem é livre porque pode escolher sua atitude diante das condições mais adversas. A liberdade não é uma concessão do ambiente, mas uma disposição interior. De modo análogo, Orwell nos mostra que a verdadeira liberdade política começa quando o indivíduo se recusa a repetir a mentira dominante, ainda que isso o custe.

Contra a mentira institucionalizada, não basta a indignação genérica. É preciso *resistência pela razão*. O preço da liberdade é a vigilância constante sobre os significados. Quando se permite que um aparato político ou midiático determine o que "é verdade" por decreto, abdica-se da própria razão como critério de juízo. Orwell, nesse sentido, nos chama à responsabilidade intelectual. Sua denúncia não é dirigida apenas aos governos, mas aos intelectuais servis, aos jornalistas dissimulados, aos burocratas da linguagem. Ele não escreve contra o totalitarismo abstrato, mas contra a mentira concreta de cada época (inclusive a mentira elegante, progressista, humanitária...especialmente ela!).

Hoje, sob novas formas (seja nos comitês de desinformação, nos tribunais de "discursos odientos" ou nas censuras algorítmicas), a mentira retorna como política de Estado. Orwell permanece atual não porque previu o futuro, mas porque decifrou o coração do problema: onde não há verdade, toda liberdade é ilusão. Por isso, defender Orwell não é apenas citar seus livros: é herdar sua postura. É manter o olhar claro, a coluna ereta e a palavra justa. É estar disposto a dizer que "dois mais dois são quatro", mesmo que todo o mundo diga o contrário.

Entre todas as ilusões modernas, portanto, talvez a mais devastadora seja esta: a de que a liberdade é um bem garantido por instituições, protegido por mecanismos e consolidado por documentos. Esquece-se, nesse culto ao formalismo jurídico, que a liberdade política é apenas a superfície de uma realidade mais profunda: a liberdade interior, sustentada pela responsabilidade individual. Quando esta se dissolve, aquela se torna letra morta.

George Orwell sabia disso como poucos. Em *1984*, os aparelhos do Partido controlam todos os aspectos da vida social, mas sua vitória suprema se dá no instante em que o indivíduo aceita, com resignação interna, a lógica da mentira. É a historia da capitulação da alma. O triunfo do totalitarismo não ocorre quando a repressão é eficaz, mas quando o homem renuncia à vigilância de si mesmo, quando entrega seu juízo moral ao conforto do coletivo. É por isso que a figura de Winston, o protagonista de Orwell, é tão significativa: ele não é um herói épico, mas um homem comum que ousa pensar; e por isso, sofre. Sua tragédia não está em sua derrota, mas na constatação de que sem responsabilidade pessoal, toda tentativa de resistir será vencida de dentro para fora. Não existe liberdade sem o sujeito que a sustenta moralmente, mesmo contra o mundo, mesmo contra o medo.

O indivíduo é o único soberano legítimo de sua própria vida, e só poderá reivindicar esse status se aceitar a plenitude das consequências de seus atos, inclusive o direito de errar. O paternalismo estatal, ainda que virtualmente bem-intencionado, é sempre uma infantilização: ele desresponsabiliza para dominar.

Uma sociedade que transfere suas decisões a burocratas e tribunais perde, com o tempo, a própria capacidade de julgar. A liberdade não é para aqueles que não querem assumir o risco de serem responsáveis por si mesmos. Quando tudo passa a depender do Estado, o indivíduo se transforma num animal tutelado, domesticado pelo conforto da submissão. É neste ponto, aliás, que a filosofia clássica se reencontra com o liberalismo moderno. Para os gregos, especialmente Aristóteles e os pensadores do período helenístico de modo geral, a liberdade é inseparável da *autarkeia*: a autossuficiência moral do indivíduo virtuoso, aquele que não delega ao mundo a tarefa de dar sentido à sua vida. Nos tempos atuais, em que se apela ao Estado para corrigir cada incômodo, proteger cada sensibilidade e moderar cada discurso, a responsabilidade pessoal tornou-se quase subversiva. Espera-se que algoritmos filtrem os perigos, que as instituições cuidem da moral e que leis substituam a virtude. Mas isso, insisto, não é liberdade: é abdicação.

Orwell nos convoca a recuperar o heroísmo ético da responsabilidade. Seu legado é um chamado à lucidez e à coragem: não para grandes gestos, mas para a vigilância cotidiana contra a mentira, contra o autoengano, contra a conveniência covarde. A liberdade não cairá de cima como um decreto. Ela nascerá, se nascer, de cada indivíduo que, em silêncio, decidir pensar por si.

George Orwell compreendeu, com precisão brutal, que o totalitarismo moderno seria menos uma força exterior do que uma reconfiguração interior da consciência. O inimigo não se apresentaria como opressor, mas como curador da linguagem. A "novilíngua" que descreve em *1984* não é apenas uma redução do vocabulário, mas a imposição de uma semântica moral obrigatória, onde certas palavras são ilegítimas, certos conceitos tornam-se impensáveis, e certos silêncios são impostos sob pena de ostracismo.

A chamada "neutralidade da linguagem" (hoje defendida por órgãos de imprensa, universidades e plataformas digitais) não é outra coisa senão o novo nome da ortodoxia.

Trata-se de uma neutralidade fingida, que exclui qualquer vocabulário que contrarie o espírito de época. Palavras como "homem", "mérito", "ordem natural", "direito de propriedade" ou "liberdade absoluta" são progressivamente banidas, ridicularizadas ou reinterpretadas até perderem sua força de significação. Trata-se de uma inversão moral programada: o uso de critérios pseudoéticos para deslegitimar os valores fundamentais da liberdade.

A linguagem econômica, jurídica e política moderna vem sendo invadida por termos "cínicos e envergonhados", criados para escamotear a realidade dos fatos. Quando "expropriação" se torna "justiça social", quando "controle" vira "regulação", e quando "censura" é rebatizada de "compliance discursivo", estamos diante de uma engenharia simbólica e não de uma evolução semântica. Não é por acaso que a tradição clássica (de Aristóteles a Cícero, de Agostinho a Tocqueville) sempre tratou a linguagem como um ato ético. Nomear é um gesto moral. E adulterar o nome das coisas é já corromper o tecido da realidade. A "neutralidade" que se pretende impor sobre a linguagem é, portanto, uma mentira adornada: ela afirma que ninguém está decidindo o sentido das palavras, quando na verdade há uma guerra silenciosa pelo monopólio do dicionário. Orwell soube antecipar esse movimento com exatidão: não haverá necessidade de destruir livros se as palavras neles forem esvaziadas. A nova censura não silencia pela força, mas pela irrelevância. O homem não será impedido de falar, apenas não será mais compreendido.

Eis que Orwell não escreveu apenas sobre tiranias políticas. Ele escreveu sobre a decadência moral que precede as tiranias. Seu alerta é, em essência, um chamado à vigilância ética do indivíduo. Não se trata de nostalgia ou paranoia, mas de lucidez. O perigo não é o Leviatã visível, mas o sussurro dos bons modos totalitários, a elegância dos novos censores e a mansidão dos que repetem mentiras com voz calma e justificativa pedagógica. É por isso que resistir hoje significa não apenas protestar, mas nomear corretamente. É dizer que *liberdade é propriedade*, que *pensar é um ato perigoso*, e que *a verdade não precisa de autorização para ser pronunciada*. Orwell nos legou mais do que romances: deu-nos um *ethos*. E talvez nosso tempo precise mais do que nunca de homens que, mesmo cercados de silêncio, escolham a coragem de dizer, com todas as letras, que dois mais dois são quatro.

Literatura e Totalitarismo[3]

Eu disse no início de minha primeira palestra que esta não é uma crítica. É uma época de partidarismo e não de distanciamento, uma época em que é especialmente difícil ver o mérito literário em um livro cujas conclusões você discorda. A política – a política no sentido mais geral – invadiu a literatura em um grau que normalmente não acontece, e isso trouxe à tona de nossa consciência a luta que sempre ocorre entre o indivíduo e a comunidade. É quando se considera a dificuldade de escrever uma crítica honesta e imparcial em uma época como a nossa que se começa a compreender a natureza da ameaça que paira sobre toda a literatura na era que se aproxima.

Vivemos em um tempo em que o indivíduo autônomo está deixando de existir – ou talvez seja melhor dizer, em que o indivíduo está deixando de ter a ilusão de ser autônomo. Agora, em tudo o que dizemos sobre literatura e (acima de tudo) em tudo o que dizemos sobre crítica, instintivamente

---

3. "Literature and Totalitarianism", publicado pela primeira vez: *Listener*, (Transmissão no Serviço Ultramarino da BBC). 19 de junho de 1941. (N. E.)

tomamos o indivíduo autônomo como certo. Toda a literatura europeia moderna – estou falando da literatura dos últimos quatrocentos anos – é construída sobre o conceito de honestidade intelectual ou, se preferir colocar dessa forma, sobre a máxima de Shakespeare: "Para si mesmo, seja verdadeiro". A primeira coisa que pedimos a um escritor é que ele não conte mentiras, que diga o que realmente pensa, o que realmente sente. A pior coisa que podemos dizer sobre uma obra de arte é que ela não é sincera. E isso é ainda mais verdadeiro em relação à crítica do que em relação à literatura criativa, na qual sempre existe uma certa dose de pose e maneirismo, e até mesmo uma certa dose de pura farsa, mas isso não importa, desde que o escritor seja fundamentalmente sincero. A literatura moderna é essencialmente uma coisa individual. Ou ela é a expressão verdadeira do que um homem pensa e sente, ou não é nada.

Como eu disse, tomamos essa noção como certa e, no entanto, assim que a colocamos em palavras, percebemos como a literatura está ameaçada. Pois esta é a era do Estado totalitário, que não permite e provavelmente não pode permitir ao indivíduo qualquer tipo de liberdade. Quando se fala em totalitarismo, pensa-se imediatamente na Alemanha, na Rússia, na Itália, mas acho que é preciso enfrentar o risco de que esse fenômeno seja mundial. É óbvio que o período do capitalismo livre está chegando ao fim e que um país após o outro está adotando uma economia centralizada que pode ser chamada de socialismo ou capitalismo de estado, como preferir. Com isso, a liberdade econômica do indivíduo e, em grande parte, sua liberdade de fazer o que quiser, de escolher seu próprio trabalho, de se deslocar pela superfície da Terra, chega ao fim também. Até recentemente, as implicações desse fato não haviam sido previstas. Nunca se percebeu plenamente que o desaparecimento da liberdade econômica teria algum efeito sobre a liberdade intelectual. O socialismo era geralmente visto como uma espécie de liberalismo moralizado. O Estado se encarregaria da sua vida econômica e o libertaria do medo da pobreza, do desemprego e assim por diante, mas não teria necessidade de interferir na sua vida intelectual privada. A arte poderia florescer exatamente como na era liberal-capitalista, só que um pouco mais, porque o artista não estaria mais sob compulsões econômicas.

Agora, com base nas evidências existentes, é preciso admitir que essas ideias foram falsificadas. O totalitarismo aboliu a liberdade de pensamento em um grau jamais visto em qualquer época anterior. E é importante perceber que o controle do pensamento não é apenas negativo, mas positivo. Ele não apenas proíbe que você expresse – até mesmo que pense – certos pensamentos, mas dita o que você *deve* pensar, cria uma ideologia para você, tenta governar sua vida emocional, além de estabelecer um código de conduta. E, na medida do possível, ele o isola do mundo exterior, ele o fecha em um universo artificial no qual você não tem padrões de comparação. O Estado totalitário tenta, de qualquer forma, controlar os pensamentos e as emoções de seus súditos pelo menos tão completamente quanto controla suas ações.

A pergunta que é importante para nós é: a literatura pode sobreviver em uma atmosfera como essa? Acho que devemos responder rapidamente que não. Se o totalitarismo se tornar mundial e permanente, o que conhecemos como literatura deve chegar ao fim. E não será suficiente – como pode parecer plausível em um primeiro momento – dizer que o que chegará ao fim é apenas a literatura da Europa pós-renascentista.

Há várias diferenças vitais entre o totalitarismo e todas as ortodoxias do passado, seja na Europa ou no Oriente. A mais importante é que as ortodoxias do passado não mudaram, ou pelo menos não mudaram rapidamente. Na Europa medieval, a Igreja ditava em que você deveria acreditar, mas pelo menos permitia que você mantivesse as mesmas crenças desde o nascimento até a morte. Ela não dizia para você acreditar em uma coisa na segunda-feira e em outra na terça-feira. E o mesmo é mais ou menos verdadeiro para qualquer cristão ortodoxo, hindu, budista ou muçulmano hoje em dia. De certa forma, seus pensamentos são circunscritos, mas ele passou toda a sua vida dentro da mesma estrutura de pensamento. Suas emoções não são manipuladas.

Agora, com o totalitarismo, ocorre exatamente o oposto. A peculiaridade do Estado totalitário é que, embora controle o pensamento, ele não o fixa. Ele estabelece dogmas inquestionáveis e os altera dia após dia. Ele precisa dos dogmas, porque precisa da obediência absoluta de seus súditos, mas não pode evitar as mudanças, que são ditadas pelas necessidades da política de poder. Ela se declara infalível e, ao mesmo tempo, ataca o próprio conceito de verdade objetiva. Para dar um exemplo grosseiro e óbvio, todo alemão, até setembro de 1939, tinha de considerar o bolchevismo russo com horror e aversão e, desde setembro de 1939, tinha de considerá-lo com admiração e afeição. Se a Rússia e a Alemanha entrarem em guerra, como é bem possível que aconteça nos próximos anos, uma outra mudança igualmente violenta deverá de ocorrer. Espera-se, assim, que a vida emocional do alemão, seus amores e ódios, quando necessário, se revertam da noite para o dia. Não preciso mencionar o efeito desse tipo de coisa sobre a literatura. Pois escrever é, em grande parte, uma questão de sentimento, que nem sempre pode ser controlado de fora. É fácil falar da boca para fora sobre a ortodoxia do momento, mas a escrita sobre qualquer evento só pode ser produzida quando um homem *sente* a verdade do que está dizendo; sem isso, falta o impulso criativo. Todas as evidências que temos sugerem que as mudanças emocionais repentinas que o totalitarismo exige de seus seguidores são psicologicamente impossíveis. E essa é a principal razão pela qual sugiro que, se o totalitarismo triunfar em todo o mundo, a literatura, como a conhecemos, chegará ao fim. E, de fato, o totalitarismo parece ter tido esse efeito até agora. Na Itália, a literatura foi prejudicada e, na Alemanha, parece ter quase acabado. A atividade mais característica dos nazistas é a queima de livros. E mesmo na Rússia, o renascimento literário que esperávamos não aconteceu, e os escritores russos mais promissores mostram uma tendência marcante de cometer suicídio ou desaparecer na prisão.

Eu disse anteriormente que o capitalismo liberal está obviamente chegando ao fim e, portanto, posso ter parecido sugerir que a liberdade de pensamento também está inevitavelmente condenada. Mas não acredito que seja assim e, para concluir, direi apenas que acredito que a esperança de sobrevivência da literatura está nos países em que o liberalismo criou suas raízes mais profundas, os países não militares, a Europa Ocidental e as Américas, a Índia e a

China. Acredito – pode não ser mais do que uma esperança piedosa – que, embora uma economia coletivizada esteja fadada a acontecer, esses países saberão como desenvolver uma forma de socialismo que não seja totalitária, na qual a liberdade de pensamento possa sobreviver ao desaparecimento do individualismo econômico. Essa, de qualquer forma, é a única esperança à qual qualquer pessoa que se preocupe com a literatura pode se apegar. Quem quer que sinta o valor da literatura, quem quer que veja o papel central que ela desempenha no desenvolvimento da história humana, também deve ver a necessidade de vida e morte de resistir ao totalitarismo, seja ele imposto a nós de fora ou de dentro.

Salvem a literatura[4]

Há cerca de um ano, participei de uma reunião do P.E.N. Club, cuja ocasião era o tricentenário da *Areopagitica* de Milton[5] – um panfleto, vale lembrar, em defesa da liberdade de imprensa. A famosa frase de Milton sobre o pecado de "matar" um livro estava impressa nos folhetos de propaganda da reunião que haviam sido distribuídos com antecedência.

Havia quatro oradores no palanque. Um deles fez um discurso que tratava da liberdade de imprensa, mas apenas em relação à Índia; outro disse, hesitante e em termos muito gerais, que a liberdade era uma coisa boa; um terceiro fez um ataque às leis relacionadas à obscenidade na literatura. O quarto dedicou a maior parte de seu discurso a uma defesa dos expurgos russos. Dos discursos do corpo do salão, alguns voltaram à questão da obscenidade e das leis que lidam com ela, outros foram simplesmente elogios à Rússia Soviética.

---

4. "The Prevention of Literature" foi publicado, primeiramente, em *Polemic*, em janeiro de 1946. (N. E.)
5. PEN Club trata-se um clube internacional de escritores fundado em 5 de outubro de 1921 pela escritora inglesa, Catherine Amy Dawson Scott. (N. E.)

LIBERDADE E TOTALITARISMO

A liberdade moral – a liberdade de discutir francamente questões sexuais na mídia impressa – parecia ser aprovada de modo geral, mas a liberdade política não foi mencionada. Desse grupo de várias centenas de pessoas, talvez metade delas diretamente ligadas ao comércio literário, não havia uma única que pudesse apontar que a liberdade de imprensa, se é que significa alguma coisa, significa a liberdade de criticar e se opor. É importante ressaltar que nenhum orador citou o panfleto que estava sendo ostensivamente comemorado. Tampouco houve qualquer menção aos vários livros que foram "mortos" na Inglaterra e nos Estados Unidos durante a guerra. Em seu efeito imediato, a reunião foi uma ação a favor da censura.

Não havia nada de particularmente surpreendente nisso. Em nossa época, a ideia de liberdade intelectual está sob ataque de duas direções. De um lado estão seus inimigos teóricos, os apologistas do totalitarismo, e do outro seus inimigos imediatos e práticos, o monopólio e a burocracia. Qualquer escritor ou jornalista que queira manter sua integridade se vê frustrado pela tendência geral da sociedade, e não por uma perseguição ativa. Os tipos de coisas que estão trabalhando contra ele são a concentração da imprensa nas mãos de alguns homens ricos, o domínio do monopólio sobre o rádio e o cinema, a relutância do público em gastar dinheiro com livros, tornando necessário que quase todos os escritores ganhem parte de seu sustento com trabalho braçal, a invasão de órgãos oficiais como o M.O.I[6]. e o Bri-

---

6. O Ministry of Information (Ministério da Informação) foi um órgão do governo britânico criado durante a Segunda Guerra Mundial (1939-1945). Sua principal função era controlar e coordenar a propaganda interna e externa, além de supervisionar a censura da imprensa e outros meios de comunicação durante o tempo de guerra. (N. E.)

tish Council[7], que ajudam o escritor a se manter vivo, mas também desperdiçam seu tempo e ditam suas opiniões, e a contínua atmosfera de guerra dos últimos dez anos, cujos efeitos distorcidos ninguém conseguiu escapar. Tudo em nossa época conspira para transformar o escritor, e também qualquer outro tipo de artista, em um funcionário menor, trabalhando em temas transmitidos de cima para baixo e nunca dizendo o que lhe parece ser toda a verdade. Mas, ao lutar contra esse destino, ele não recebe ajuda de seu próprio lado; isto é, não há um grande corpo de opinião que lhe assegure que ele está certo. No passado, pelo menos ao longo dos séculos protestantes, a ideia de rebelião e a ideia de integridade intelectual estavam misturadas. Um herege – político, moral, religioso ou estético – era aquele que se recusava a ultrajar sua própria consciência. Sua perspectiva foi resumida nas palavras do hino revivalista:

> Atreva-se a ser um Daniel
> Atreva-se a ficar sozinho
> Atreva-se a ter um propósito firme
> Atreva-se a torná-lo conhecido[8]

---

7. O British Council é uma instituição britânica fundada em 1934 com o objetivo de promover a cultura, a educação e a língua inglesa no exterior, funcionando como um braço "soft power" do Reino Unido. Durante a guerra e o pós-guerra, o British Council também patrocinava escritores, artistas e intelectuais, muitas vezes enviando-os ao exterior como representantes culturais. (N. E.)

8. O hino "Dare to Be a Daniel" foi composto por Philip Paul Bliss, em 1873. Bliss foi um proeminente compositor e evangelista norte-americano do século XIX, conhecido por suas colaborações com Dwight L. Moody e Ira D. Sankey. Ele escreveu este hino enquanto atuava como professor de escola dominical na Primeira Igreja Congregacional de Chicago, com o objetivo de inspirar jovens a seguirem o exemplo de coragem e fidelidade do profeta Daniel, conforme descrito no Antigo Testamento. Fonte: https://hymnary.org/text/standing_by_a_purpose_true?. (N. E.)

Para atualizar esse hino, seria necessário acrescentar um "Não" no início de cada linha. Pois a peculiaridade de nossa época é que os rebeldes contra a ordem existente, pelo menos os mais numerosos e característicos deles, também estão se rebelando contra a ideia de integridade individual. "Ousar ficar sozinho" é ideologicamente criminoso, além de ser praticamente perigoso. A independência do escritor e do artista é corroída por forças econômicas vagas e, ao mesmo tempo, é minada por aqueles que deveriam ser seus defensores. É com o segundo processo que estou preocupado aqui.

A liberdade de pensamento e de imprensa geralmente é atacada por argumentos que não valem consideração alguma. Qualquer pessoa que tenha experiência em palestras e debates, os conhece de trás para frente. Aqui não estou tentando lidar com a alegação familiar de que a liberdade é uma ilusão, ou com a alegação de que há mais liberdade nos países totalitários do que nos democráticos, mas com a proposição muito mais sustentável e perigosa de que a liberdade é *indesejável* e que a honestidade intelectual é uma forma de egoísmo antissocial. Embora outros aspectos da questão geralmente estejam em primeiro plano, a controvérsia sobre a liberdade de expressão e de imprensa é, no fundo, uma controvérsia sobre a conveniência ou não de contar certas mentiras. O que está realmente em questão é o direito de relatar os eventos contemporâneos de forma verdadeira, ou tão verdadeira quanto for consistente com a ignorância, a parcialidade e o autoengano dos quais todo observador necessariamente sofre. Ao dizer isso, posso parecer estar afirmando que a "reportagem" direta é o único ramo da literatura que importa, mas tentarei mostrar mais tarde que em todos os níveis literários e, provavelmente, em todas as artes, a mesma questão surge em formas mais ou menos sutilizadas. Enquanto isso, é necessário eliminar as irrelevâncias em que essa controvérsia geralmente está envolvida.

Os inimigos da liberdade intelectual sempre tentam apresentar seu caso como um apelo à disciplina *versus* individualismo. A questão verdade *versus* mentira é, na medida do possível, mantida em segundo plano. Embora o ponto de ênfase possa variar, o escritor que se recusa a vender suas opiniões é sempre marcado como um mero *egoísta*. Ele é acusado, de querer se fechar em uma torre de marfim, ou de ser exibicionista de sua própria personalidade, ou de resistir à inevitável corrente da história em uma tentativa de se agarrar a privilégios injustificados. O católico e o comunista são iguais na suposição de que um oponente não pode ser honesto e inteligente. Cada um deles afirma tacitamente que "a verdade" já foi revelada e que o herege, se não for simplesmente um tolo, está secretamente ciente da "verdade" e apenas resiste a ela por motivos egoístas. Na literatura comunista, o ataque à liberdade intelectual é geralmente mascarado pela oratória sobre o "individualismo de pequeno-burguês", "as ilusões do liberalismo do século XIX" etc., e apoiado por palavras como "romântico" e "sentimental", que, como não têm nenhum significado consensual, são difíceis de responder. Dessa forma, a controvérsia é desviada de sua verdadeira questão. Pode-se aceitar, e a maioria das pessoas esclarecidas aceitaria, a tese comunista de que a liberdade pura só existirá em uma sociedade sem classes, e que uma pessoa é quase livre quando está trabalhando para criar essa sociedade. Mas, junto a isso, está a alegação infundada de que o Partido Comunista tem como objetivo o estabelecimento de uma sociedade sem classes e que, na URSS, esse objetivo está realmente a caminho de ser realizado. Se for permitido que a primeira afirmação implique a segunda, não haveria mais quase nenhum ataque ao bom senso e à decência comum que não poderia ser justificado. Mas, enquanto isso, o verdadeiro ponto foi esquivado. A liberdade do intelecto significa a liberdade de relatar o que se viu, ouviu e sentiu, e não ser obrigado a fabricar fatos e sentimentos imaginários. As conhecidas retóricas de "isento", "individualista", "romântico", e assim por diante, são apenas um artifício forense, cujo objetivo é fazer com que a perversão da história pareça respeitável.

Quinze anos atrás, quando se defendia a liberdade do intelecto, era preciso defendê-la contra os conservadores, contra os católicos e, até certo ponto – pois eles não eram de grande importância na Inglaterra – contra os fascistas. Hoje, é preciso defendê-la contra os comunistas e os "companheiros de viagem"[9]. Não se deve exagerar a influência direta do pequeno Partido Comunista Inglês, mas não há dúvida sobre o efeito venenoso do mito russo na vida intelectual inglesa. Por causa disso, fatos conhecidos são suprimidos e distorcidos a ponto de tornar duvidosa a possibilidade de se escrever uma história verdadeira de nossos tempos. Vou citar apenas um exemplo dentre centenas que poderiam ser citados. Quando a Alemanha entrou em colapso, descobriu-se que um número

---

9. "Fellow-traveler" refere-se a uma pessoa que simpatiza com as ideias comunistas ou apoia causas associadas ao comunismo, sem ser formalmente membro do Partido Comunista. (N. E.)

muito grande de russos soviéticos – a maioria, sem dúvida, por motivos não políticos – havia mudado de lado e estava lutando pelos alemães. Além disso, uma parcela pequena, mas não desprezível, dos prisioneiros russos se recusou a voltar para a URSS, e alguns deles, pelo menos, foram repatriados contra sua vontade. Esses fatos, conhecidos por muitos jornalistas no local, quase não foram mencionados na imprensa britânica, ao mesmo tempo em que os publicitários russófilos na Inglaterra continuaram a justificar os expurgos e as deportações de 1936-38, alegando que a URSS "não tinha traidores". A névoa de mentiras e desinformação que envolve assuntos como a fome na Ucrânia, a guerra civil espanhola, a política russa na Polônia e assim por diante não se deve inteiramente à desonestidade consciente, mas já é aceito que qualquer escritor ou jornalista que seja totalmente solidário com a URSS – solidário, isto é, da maneira que os próprios russos gostariam que ele fosse – tem que concordar com a falsificação deliberada em questões importantes. Tenho diante de mim o que deve ser um panfleto muito raro, escrito por Maxim Litvinov em 1918 e que descreve os eventos recentes da Revolução Russa. Ele não menciona Stálin, mas elogia Trótski e também Zinoviev, Kamenev e outros. Qual poderia ser a atitude até mesmo do comunista mais intelectualmente escrupuloso em relação a um panfleto como esse? Na melhor das hipóteses, a atitude obscurantista de dizer que é um documento indesejável e que é melhor suprimi-lo. E se, por alguma razão, fosse decidido publicar uma versão adulterada do panfleto, denegrindo Trótski e inserindo referências a Stalin, nenhum comunista que permanecesse fiel ao seu partido poderia protestar. Falsificações quase tão grosseiras quanto essa foram cometidas nos últimos anos. Mas

LIBERDADE E TOTALITARISMO

o mais importante não é o fato de elas acontecerem, mas o fato de que, mesmo quando são conhecidas, não provocam nenhuma reação da intelectualidade de esquerda como um todo. O argumento de que dizer a verdade seria "inoportuno" ou "faria o jogo de alguém" é considerado irrefutável, e poucas pessoas se incomodam com a perspectiva de que as mentiras que elas toleram saiam dos jornais e entrem nos livros de história.

A mentira organizada praticada pelos Estados totalitários não é, como às vezes se afirma, um expediente temporário da mesma natureza que o engano militar. É algo natural ao totalitarismo, algo que ainda continuaria mesmo que os campos de concentração e as forças policiais secretas tivessem deixado de ser necessários. Entre os comunistas inteligentes, existe uma lenda clandestina que diz que, embora o governo russo seja obrigado agora a fazer propaganda mentirosa, julgamentos incriminatórios e assim por diante, ele está registrando secretamente os fatos verdadeiros e os publicará em algum momento futuro. Acredito que podemos ter certeza de que esse não é o caso, porque a mentalidade implícita em tal ação é a de um historiador liberal que acredita que o passado não pode ser alterado e que um conhecimento correto da história é valioso como algo natural. Do ponto de vista totalitário, a história é algo a ser criado, e não aprendido. Um estado totalitário é, na verdade, uma teocracia, e sua casta governante, para manter sua posição, precisa ser considerada infalível. Mas como, na prática, ninguém é infalível, frequentemente é necessário reorganizar os eventos passados para mostrar que este ou aquele erro não foi cometido, ou que este ou aquele triunfo imaginário realmente aconteceu. Por outro lado, toda mudança importante na política exige uma mudança correspondente de doutrina e uma revelação de figuras históricas importantes. Esse tipo de coisa acontece em todos os lugares, mas é claramente mais provável que leve à falsificação total em sociedades em que apenas uma opinião é permitida em um determinado momento. O totalitarismo exige, de fato, a alteração contínua do passado e, a longo prazo, provavelmente exige uma descrença na própria existência da verdade objetiva. Os amigos do totalitarismo neste país geralmente tendem a argumentar que, como a verdade absoluta não pode ser alcançada, uma grande mentira não é pior do que uma pequena mentira. Ressaltam que todos os registros históricos são tendenciosos e imprecisos ou, por outro lado, que a física moderna provou que o que nos parece ser o mundo real é uma ilusão, de modo que acreditar na evidência dos sentidos é simplesmente filistinismo vulgar. Uma sociedade totalitária que conseguisse se perpetuar provavelmente criaria um sistema esquizofrênico de pensamento, no qual as leis do senso comum seriam válidas na vida cotidiana e em certas ciências exatas, mas poderiam ser desconsideradas pelo político, pelo historiador e pelo sociólogo. Já existem inúmeras pessoas que considerariam escandaloso falsificar um livro científico, mas não veriam nada de errado em falsificar um fato histórico. É no ponto em que a literatura e a política se cruzam que o totalitarismo exerce sua maior pressão sobre o intelectual. As ciências exatas não estão, até o momento, ameaçadas da mesma forma. Isso explica, em parte, o fato de que em todos os países é mais fácil para os cientistas do que para os escritores se alinharem atrás de seus respectivos governos.

LIBERDADE E TOTALITARISMO

Para manter a questão em perspectiva, deixe-me repetir o que eu disse no início deste ensaio: que na Inglaterra os inimigos imediatos da veracidade e, portanto, da liberdade de pensamento, são os senhores da imprensa, os magnatas do cinema e os burocratas, mas que, em uma visão de longo prazo, o enfraquecimento do desejo de liberdade entre os próprios intelectuais é o sintoma mais sério de todos. Pode parecer que durante todo esse tempo eu estive falando sobre os efeitos da censura, não na literatura como um todo, mas apenas em um departamento do jornalismo político. Se a Rússia Soviética constitui uma espécie de área proibida na imprensa britânica, se questões como a Polônia, a guerra civil espanhola, o pacto russo-alemão e assim por diante são excluídas de uma discussão séria e se você possui informações que entram em conflito com a ortodoxia predominante, espera-se que você as distorça ou se cale sobre elas – se tudo isso é verdade, por que a literatura, no sentido mais amplo, seria afetada? Todo escritor é um político, e todo livro é necessariamente uma obra de "reportagem" direta? Mesmo sob a ditadura mais rígida, o escritor individual não pode permanecer livre dentro de sua própria mente e destilar ou disfarçar suas ideias não ortodoxas de tal forma que as autoridades sejam estúpidas demais para reconhecê-las? E, de qualquer forma, se o próprio escritor estiver de acordo com a ortodoxia predominante, por que isso teria um efeito restritivo sobre ele? Não é mais provável que a literatura, ou qualquer uma das artes, floresça em sociedades nas quais não há grandes conflitos de opinião e nenhuma distinção nítida entre o artista e seu público? É preciso presumir que todo escritor é um rebelde, ou mesmo que o escritor em si é uma pessoa excepcional?

Sempre que alguém tenta defender a liberdade intelectual contra as reivindicações do totalitarismo, encontra esses argumentos de uma forma ou de outra. Eles se baseiam em um completo mal-entendido sobre o que é literatura e como – talvez devêssemos dizer por que – ela surge. Eles presumem que um escritor é um mero artista ou um mercenário que pode mudar de uma linha de propaganda para outra com a mesma facilidade com que um organista muda de música. Mas, afinal de contas, como é possível que os livros venham a ser escritos? Acima de um nível bastante baixo, a literatura é uma tentativa de influenciar o ponto de vista de seus contemporâneos por meio do registro de experiências. E, no que diz respeito à liberdade de expressão, não há muita diferença entre um mero jornalista e o escritor imaginativo mais "apolítico". O jornalista não é livre e tem consciência da falta de liberdade quando é forçado a escrever mentiras ou a suprimir o que lhe parece ser uma notícia importante; o escritor imaginativo não é livre quando precisa falsificar seus sentimentos que, do seu ponto de vista, são fatos. Ele pode distorcer e caricaturar a realidade a fim de tornar seu significado mais claro, mas não pode deturpar o cenário de sua própria mente; não pode dizer com convicção que gosta do que não gosta ou que acredita no que não acredita. Se for forçado a fazer isso, o único resultado será o esgotamento de suas faculdades criativas. Ele também não pode resolver o problema mantendo-se afastado de tópicos controversos. Não existe literatura genuinamente apolítica, e muito menos em uma época como a nossa, em que medos, ódios e lealda-

LIBERDADE E TOTALITARISMO

des de tipo diretamente político estão próximos da superfície da consciência de todos. Até mesmo um único tabu pode ter um efeito paralisante geral sobre a mente, porque sempre há o perigo de que qualquer pensamento que seja seguido livremente possa levar ao pensamento proibido. Portanto, a atmosfera do totalitarismo é mortal para qualquer tipo de escritor de prosa, embora um poeta, pelo menos um poeta lírico, possa considerá-la respirável. E em qualquer sociedade totalitária que sobreviva por mais de um par de gerações, é provável que a literatura em prosa, do tipo que existiu nos últimos quatrocentos anos, tenha de fato chegado ao fim.

A literatura, às vezes, floresceu sob regimes despóticos, mas, como já foi dito muitas vezes, os despotismos do passado não eram totalitários. Seu aparato repressivo era sempre ineficiente, suas classes dominantes eram geralmente corruptas, apáticas ou com uma visão meio liberal, e as doutrinas religiosas predominantes geralmente eram contra o perfeccionismo e a noção de infalibilidade humana. Mesmo assim, é amplamente verdade que a literatura em prosa atingiu seus níveis mais altos em períodos de democracia e livre especulação. O que há de novo no totalitarismo é que suas doutrinas não são apenas incontestáveis, mas também instáveis. Elas precisam ser aceitas sob pena de condenação, mas, por outro lado, estão sempre sujeitas a serem alteradas de um momento para outro. Considere, por exemplo, as várias atitudes, completamente incompatíveis entre si, que um comunista inglês ou "companheiro de viagem" teve de adotar em relação à guerra entre a Grã-Bretanha e a Alemanha. Durante anos, antes de setembro de 1939, esperava-se que ele ficasse em um contínuo debate sobre "os horrores do nazismo" e que transformasse tudo o que escrevesse em uma denúncia de Hitler: depois de setembro de 1939[10], durante vinte meses, ele teve que acreditar que a Alemanha era mais vítima do que culpada, e a palavra "nazista", pelo menos no que se refere à impressão, teve que sair de seu vocabulário. Imediatamente após ouvir o boletim de notícias das 8 horas na manhã de 22 de junho de 1941[11], ele teve que começar a acreditar novamente que o nazismo era o mal mais hediondo que o mundo já havia visto. Agora, é fácil para o político fazer essas mudanças: para um escritor, o caso é um pouco diferente. Se ele quiser mudar de lealdade no momento exato, deverá mentir sobre seus sentimentos ou suprimi-los completamente. Em ambos os casos, ele destruiu seu dínamo. Não apenas as ideias se recusarão chegar até ele, mas as próprias palavras que ele usa parecerão endurecer ao seu toque. Em nossa época, a redação política consiste quase que inteiramente em frases pré-fabricadas parafusadas como as peças de um conjunto de Meccano infantil[12]. Esse é o resultado inevitável da autocensura. Para escrever em uma linguagem clara e vigorosa, é preciso pensar sem medo e, se alguém pensa sem medo, não pode ser politicamente ortodoxo. Poderia ser diferente em uma "era da fé", quando a ortodoxia predominante já está estabelecida há muito tempo e não é levada muito a sério. Nesse caso, seria possível, ou

---

10. Referência ao pacto de não agressão entre a Alemanha Nazista e a União Soviética, que foi assinado em 23 de agosto de 1939. Este acordo, também conhecido como Pacto Molotov-Ribbentrop (em referência aos ministros das relações exteriores de cada país), tinha como objetivo principal evitar o conflito entre as duas potências e garantir a neutralidade mútua em caso de agressão por parte de um terceiro país, como a Polônia. (N. E.)
11. Data que marcou o fim do pacto militar e político, Molotov-Ribbentrop, entre Hitler e Stálin. (N. E.)
12. Trata-se de um conjunto de construção de brinquedos que permite montar modelos tridimensionais utilizando peças de metal e plástico, como placas, parafusos, porcas e outros elementos. Brinquedo extremamente popular nas décadas de 1940 e 1950 na Europa Ocidental. (N. E.)

poderia ser possível, que grandes áreas da mente de uma pessoa não fossem afetadas pelo que ela acreditava oficialmente. Mesmo assim, vale a pena observar que a literatura em prosa quase desapareceu durante a única era de fé que a Europa já teve. Durante toda a Idade Média, quase não havia literatura imaginativa em prosa e muito pouco em termos de escrita histórica; e os líderes intelectuais da sociedade expressavam seus pensamentos mais sérios em uma língua morta que mal se alterou durante mil anos.

O totalitarismo, no entanto, não promete tanto uma era de fé quanto uma era de esquizofrenia. Uma sociedade se torna totalitária quando sua estrutura passa a ser flagrantemente artificial, ou seja, quando sua classe dominante perdeu sua função, mas consegue se agarrar ao poder pela força ou pela fraude. Tal sociedade, não importa por quanto tempo persista, nunca poderá se dar ao luxo de ser tolerante ou intelectualmente estável. Ela nunca poderá permitir o registro verdadeiro dos fatos ou a sinceridade emocional que a criação literária exige. Mas, para ser corrompido pelo totalitarismo, não é preciso viver em um país totalitário. A mera prevalência de certas ideias pode espalhar um tipo de veneno que torna um assunto após o outro impossível para fins literários. Onde quer que haja uma ortodoxia imposta — ou até mesmo duas ortodoxias, como acontece com frequência — a boa escrita deixa de existir. Isso foi bem ilustrado pela guerra civil espanhola. Para muitos intelectuais ingleses, a guerra foi uma experiência profundamente comovente, mas não uma experiência sobre a qual pudessem escrever com sinceridade. Havia apenas duas coisas que você podia dizer, e ambas eram mentiras palpáveis:

como resultado, a guerra produziu uma grande quantidade de publicações, mas quase nada que valesse a pena ler.

Não é certo que os efeitos do totalitarismo sobre o verso precisem ser tão mortais quanto seus efeitos sobre a prosa. Há toda uma série de razões convergentes pelas quais é um pouco mais fácil para um poeta do que para um prosador se sentir em casa em uma sociedade autoritária. Para começar, os burocratas e outros homens "práticos" geralmente desprezam demais o poeta para se interessarem muito pelo que ele está dizendo. Em segundo lugar, o que o poeta está dizendo – ou seja, o que seu poema "significa" se traduzido em prosa – é relativamente sem importância, mesmo para ele próprio. O pensamento contido em um poema é sempre simples e não é mais o objetivo principal do poema do que a anedota é o objetivo principal do quadro. Um poema é um arranjo de sons e associações, assim como uma pintura é um arranjo de marcas de pincel. Em trechos curtos, de fato, como no refrão de uma canção, a poesia pode até mesmo dispensar o significado por completo. Portanto, é bastante fácil para um poeta manter-se afastado de assuntos perigosos e evitar proferir heresias; e mesmo quando ele as profere, elas podem escapar à atenção. Mas, acima de tudo, o bom verso, ao contrário da boa prosa, não é necessariamente um produto individual. Certos tipos de poemas, como baladas, ou, por outro lado, formas de versos muito artificiais, podem ser compostos de forma cooperativa por grupos de pessoas. É discutível se as antigas baladas inglesas e escocesas foram originalmente produzidas por indivíduos ou pelo povo em geral; mas, de qualquer forma, elas não são individuais, no sentido de que mudam constantemente ao passar de boca em boca. Mesmo impressas, duas versões de uma balada nunca são exatamente iguais. Muitos povos primitivos compõem versos de forma comunitária. Alguém começa a improvisar, provavelmente acompanhando a si mesmo em um instrumento musical, outra pessoa entra com um verso ou uma rima quando o primeiro cantor não consegue cantar, e assim o processo continua até que exista uma música ou balada inteira que não tenha um autor identificável.

Na prosa, esse tipo de colaboração íntima é totalmente impossível. De qualquer forma, a prosa séria precisa ser composta em solidão, enquanto a empolgação de fazer parte de um grupo é, na verdade, uma ajuda para certos tipos de versificação. O verso – e talvez um bom verso de seu próprio tipo, embora não seja o tipo mais elevado – pode sobreviver mesmo sob o regime mais inquisitorial. Mesmo em uma sociedade em que a liberdade e a individualidade tivessem sido extintas, ainda haveria a necessidade de canções patrióticas e baladas heroicas celebrando vitórias, ou de exercícios elaborados de bajulação; e esses são os tipos de poemas que podem ser escritos sob encomenda ou compostos em conjunto, sem necessariamente perder o valor artístico. A prosa é uma questão diferente, pois o prosador não pode restringir o alcance de seus pensamentos sem matar sua inventividade. Mas a história das sociedades totalitárias, ou de grupos de pessoas que adotaram a perspectiva totalitária, sugere que a perda da liberdade é prejudicial a todas as formas de literatura. A literatura alemã quase desapareceu durante o regime de Hitler, e o caso não foi muito melhor na Itália. A literatura russa, até onde se pode julgar pelas traduções, tem se deteriorado acentuadamente desde os primeiros dias da revolução, embora alguns versos

SALVEM A LITERATURA

pareçam ser melhores do que a prosa. Poucos ou nenhum romance russo que possa ser levado a sério foi traduzido nos últimos quinze anos. Na Europa Ocidental e nos Estados Unidos, grandes setores da *intelligentsia* literária passaram pelo Partido Comunista ou simpatizaram calorosamente com ele, mas todo esse movimento de esquerda produziu pouquíssimos livros que valem a pena ser lidos. O catolicismo ortodoxo, mais uma vez, parece ter um efeito esmagador sobre certas formas literárias, especialmente o romance. Em um período de trezentos anos, quantas pessoas foram ao mesmo tempo bons romancistas e bons católicos? O fato é que certos temas não podem ser celebrados em palavras, e a tirania é um deles. Ninguém jamais escreveu um bom livro elogiando a Inquisição. A poesia poderia sobreviver em uma era totalitária, e certas artes ou meias-artes, como a arquitetura, poderiam até achar a tirania benéfica, mas o escritor de prosa não teria escolha entre o silêncio ou a morte. A literatura em prosa, como a conhecemos, é o produto do racionalismo, dos séculos protestantes, do indivíduo autônomo. E a destruição da liberdade intelectual prejudica o jornalista, o sociológico, o historiador, o romancista, o crítico e o poeta, nessa ordem. No futuro, é possível que surja um novo tipo de literatura, que não envolva sentimentos individuais ou observações verdadeiras, mas não se pode imaginar tal coisa no momento. Parece muito mais provável que, se a cultura liberal em que vivemos desde a Renascença chegar ao fim, a arte literária perecerá com ela.

É claro que a impressão continuará a ser usada, e é interessante especular que tipos de material de leitura sobreviveriam em uma sociedade rigidamente totalitária. Os jornais provavelmente continuarão até que a técnica da televisão atinja um nível mais elevado, mas, além dos jornais, é duvidoso, mesmo agora, que a grande massa de pessoas nos países industrializados sinta a necessidade de qualquer tipo de literatura. De qualquer forma, elas não estão dispostas a gastar nem de longe tanto em leitura quanto gastam em várias outras atividades recreativas. Provavelmente, os romances e as histórias serão completamente substituídos por produções cinematográficas e radiofônicas. Ou talvez algum tipo de ficção sensacional de baixa qualidade sobreviva, produzida por um tipo de processo de correia transportadora que reduz a iniciativa humana ao mínimo.

Provavelmente não estaria além da engenhosidade humana escrever livros por meio de máquinas. Mas um tipo de processo de mecanização já pode ser visto em ação no cinema e no rádio, na publicidade e na propaganda, e nos níveis mais baixos do jornalismo. Os filmes da Disney, por exemplo, são produzidos pelo que é essencialmente um processo de fábrica, o trabalho sendo feito em parte mecanicamente e em parte por equipes de artistas que precisam subordinar seu estilo individual. As reportagens de rádio são comumente escritas por pessoas cansadas, a quem o assunto e a forma de tratamento são ditados de antemão: mesmo assim, o que eles escrevem é meramente um tipo de matéria-prima a ser cortada em forma pelos produtores e censores. O mesmo acontece com os inúmeros livros e panfletos encomendados por departamentos governamentais. Ainda mais maquinal é a produção de contos, seriados e poemas para revistas muito baratas. Jornais como o *Writer* estão repletos de anúncios de escolas literárias, todas elas oferecendo enredos prontos a alguns xelins por vez. Algumas, junto com o enredo, fornecem as frases de abertura e encerramento de cada capítulo. Outras lhe fornecem uma espécie de fórmula algébrica com a qual você pode construir seus próprios enredos. Outros têm pacotes de cartas marcadas com personagens e situações, que só precisam ser embaralhadas e distribuídas para produzir histórias engenhosas automaticamente. É provavelmente dessa forma que a literatura de uma sociedade totalitária seria produzida, se a literatura ainda fosse considerada necessária. A imaginação – até mesmo a consciência, na medida do possível – seria eliminada do processo de escrita. Os livros seriam planejados em suas linhas gerais por burocratas e passariam por tantas mãos que, quando terminados, não seriam mais um produto individual do que um carro da Ford no final da linha de montagem. Não é preciso dizer que qualquer coisa produzida dessa forma seria lixo; mas qualquer coisa que não fosse lixo colocaria em risco a estrutura do Estado. Quanto à literatura sobrevivente do passado, ela teria de ser suprimida ou, pelo menos, elaboradamente reescrita.

Enquanto isso, o totalitarismo não triunfou completamente em lugar algum. Nossa própria sociedade ainda é, em termos gerais, liberal. Para exercer seu direito de liberdade de expressão, é preciso lutar contra a pressão econômica e contra setores fortes da opinião pública, mas ainda não contra uma força policial secreta. Você pode dizer ou imprimir quase tudo, desde que esteja disposto a fazer isso de forma desonesta. Mas o que é sinistro, como eu disse no início deste ensaio, é que os inimigos conscientes da liberdade são aqueles para quem a liberdade deveria

LIBERDADE E TOTALITARISMO

significar mais. O grande público não se importa com o assunto de uma forma ou de outra. Eles não são a favor de perseguir o herege e não se esforçarão para defendê-lo. Eles são, ao mesmo tempo, muito sãos e muito inteligentes. Eles são ao mesmo tempo sãos e estúpidos demais para adquirir a perspectiva totalitária. O ataque direto e consciente à decência intelectual vem dos próprios intelectuais.

É possível que a *intelligentsia* russófila, se não tivesse sucumbido a esse mito específico, tivesse sucumbido a outro do mesmo tipo. Mas, de qualquer forma, o mito russo existe, e a corrupção que ele causa é maléfica. Quando vemos homens altamente instruídos olhando com indiferença para a opressão e a perseguição, ficamos imaginando o que devemos desprezar mais: seu cinismo ou sua miopia. Muitos cientistas, por exemplo, são admiradores acríticos da URSS. Eles parecem pensar que a destruição da liberdade não tem importância, desde que sua própria linha de trabalho não seja afetada. A URSS é um país grande e em rápido desenvolvimento que tem uma necessidade aguda de trabalhadores científicos e, consequentemente, os trata com generosidade. Desde que se afastem de assuntos perigosos, como psicologia, os cientistas são pessoas privilegiadas. Os escritores, por outro lado, são perseguidos ferozmente. É verdade que prostitutas literárias como Ilya Ehrenburg ou Alexei Tolstoy recebem enormes somas de dinheiro, mas a única coisa que tem algum valor para o escritor como tal – sua liberdade de expressão – é tirada dele. Alguns, pelo menos, dos cientistas ingleses que falam com tanto entusiasmo sobre as oportunidades que os cientistas russos têm, são capazes de entender isso. Mas sua reflexão parece ser:

"Os escritores são perseguidos na Rússia. E daí? Eu não sou escritor". Eles não percebem que qualquer ataque à liberdade intelectual e ao conceito de verdade objetiva ameaça, a longo prazo, todos os departamentos de pensamento.

No momento, o estado totalitário tolera o cientista porque precisa dele. Mesmo na Alemanha nazista, os cientistas, com exceção dos judeus, eram relativamente bem tratados e a comunidade científica alemã, como um todo, não ofereceu resistência a Hitler. Nesse estágio da história, até mesmo o governante mais autocrático é forçado a levar em conta a realidade física, em parte devido à permanência de hábitos liberais de pensamento, em parte devido à necessidade de se preparar para a guerra. Enquanto a realidade física não puder ser totalmente ignorada, enquanto dois mais dois tiverem que ser quatro quando se está, por exemplo, desenhando o projeto de um avião, o cientista tem sua função e pode até ter certa liberdade. Seu despertar virá mais tarde, quando o Estado totalitário estiver firmemente estabelecido. Enquanto isso, se ele quiser salvaguardar a integridade da ciência, é sua função desenvolver algum tipo de solidariedade com seus colegas literários e não ignorar como uma questão de indiferença quando escritores são silenciados ou levados ao suicídio, e jornais são sistematicamente falseados.

Mas, seja qual for o caso com as ciências físicas ou com a música, a pintura e a arquitetura, é certo – como tentei mostrar – que a literatura está condenada se a liberdade de pensamento perecer. Ela não só está condenada em qualquer país que mantenha uma estrutura totalitária, como também qualquer escritor que adote a perspectiva totalitária, que encontre desculpas para a perseguição e a falsificação da realidade, destrói a si mesmo como escritor. Não há como escapar disso. Nenhuma retórica contra o "individualismo" e a "torre de marfim", nenhum chavão piedoso no sentido de que "a verdadeira individualidade só é alcançada por meio da identificação com a comunidade", pode superar o fato de que uma mente comprada é uma mente estragada. A menos que a espontaneidade entre em um ponto ou outro, a criação literária é impossível e a própria linguagem se torna ossificada. Em algum momento no futuro, se a mente humana se tornar algo totalmente diferente do que é agora, poderemos aprender a separar a criação literária da honestidade intelectual. No momento, sabemos apenas que a imaginação, como certos animais selvagens, não se reproduzirá em cativeiro. Qualquer escritor ou jornalista que negue esse fato – e quase todos os elogios atuais à União Soviética contêm ou implicam essa negação – está, na verdade, exigindo sua própria destruição.

Liberdade do parque[13]

H á algumas semanas, cinco pessoas que estavam vendendo jornais do lado de fora do Hyde Park foram presas pela polícia por obstrução. Quando levados perante os magistrados, todos foram considerados culpados, sendo que quatro deles foram presos por seis meses e o outro foi condenado a quarenta xelins de multa ou um mês de prisão. Ele preferiu cumprir sua pena.

Os jornais que essas pessoas estavam vendendo eram o *Peace News*, o *Forward* e *o Freedom*, além de outros tipos de literatura. *O Peace News* é o órgão da Peace Pledge Union, o *Freedom* (até recentemente chamado *War Commentary*) é o dos anarquistas; quanto ao *Forward*, sua política desafia a definição, mas de qualquer forma é violentamente de esquerda. O magistrado, ao proferir a sentença, declarou que não foi influenciado pela natureza da literatura que estava sendo vendida; ele estava preocupado apenas com

---

13. "Freedom of the Park" foi publicado no *Tribune*, em 7 de dezembro de 1945. (N. E.)

o fato da obstrução, e que essa ofensa havia sido tecnicamente cometida.

Isso levanta vários pontos importantes. Para começar, qual é a posição da lei sobre o assunto? Até onde pude compreender, vender jornais na rua é tecnicamente uma obstrução, pelo menos se você não se mexer quando a polícia mandar. Portanto, seria legalmente possível para qualquer policial que quisesse prender um jornaleiro por vender o *Evening News*. Obviamente, isso não acontece, de modo que a aplicação da lei depende da discrição da polícia.

E o que faz a polícia decidir prender um homem em vez de outro? Seja qual for a situação do magistrado, acho difícil acreditar que, nesse caso, a polícia não tenha sido influenciada por considerações políticas. É um pouco coincidência demais o fato de eles terem escolhido pessoas que vendiam apenas esses jornais.

Se eles também tivessem prendido alguém vendendo o *Truth*, ou o *Tablet*, ou *o Spectator*, ou até mesmo o *Church Times*, seria mais fácil acreditar em sua imparcialidade.

A polícia britânica não é como a *gendarmaria* continental ou a Gestapo, mas não acho que seja uma maldade dizer que, no passado, ela foi hostil às atividades da esquerda. Em geral, eles demonstraram uma tendência a ficar do lado daqueles que consideravam defensores da propriedade privada. Até pouco tempo atrás, "vermelho" e "ilegal" eram quase sinônimos, e era sempre o vendedor do *Daily Worker*, e nunca o vendedor do *Daily Telegraph*, por exemplo, que era perseguido e geralmente assediado. Aparentemente, pode ser a mesma coisa, pelo menos em alguns momentos, sob um governo trabalhista.

LIBERDADE DO PARQUE

Uma coisa que eu gostaria de saber – é uma coisa sobre a qual ouvimos muito pouco – é quais mudanças são feitas na equipe administrativa quando há uma mudança de governo. Será que um policial que tem uma vaga noção de que "socialismo" significa algo contra a lei continua a agir da mesma forma quando o próprio governo é socialista?

Quando um governo trabalhista assumir o poder, eu me pergunto o que acontecerá com a Scotland Yard e a Special Branch[14]? Com a Inteligência Militar? Não fomos informados, mas os sintomas que existem não sugerem que esteja ocorrendo uma mudança muito grande.

No entanto, o ponto principal desse episódio é que os vendedores de jornais e panfletos devem sofrer qualquer interferência. A minoria específica que está sendo escolhida – sejam pacifistas, comunistas, anarquistas, testemunhas de Jeová ou a Legião de Reformadores Cristãos que recentemente declarou que Hitler era Jesus Cristo – é uma questão secundária. É de importância sintomática o fato de essas pessoas terem sido presas naquele local específico. Não é permitido vender literatura dentro do Hyde Park, mas há muitos anos é comum que os vendedores de jornais fiquem do lado de fora dos portões e distribuam literatura relacionada às reuniões ao ar livre do a cem metros de distância[15]. Todo tipo de publicação tem sido vendido ali sem interferência.

---

14. O Special Branch trata-se de um ramo especial da Polícia Metropolitana de Londres, formada como unidade antiterrorista em 1883 e fundida com outra unidade para formar o Comando Antiterrorista em 2006. (N. E.)

15. Orwell está ressaltando que, embora houvesse limites técnicos à liberdade de expressão (por exemplo, não vender dentro do parque), na prática, havia uma tolerância informal, pois as pessoas vendiam e distribuíam material logo do lado de fora — e isso vinha sendo aceito sem interferência. Logo na saída do parque, a poucos metros, ficava a famosa praça "Speaker's Corner", onde pessoas

LIBERDADE E TOTALITARISMO

O grau de liberdade de imprensa existente neste país é frequentemente superestimado. Tecnicamente, há uma grande liberdade, mas o fato de a maior parte da imprensa ser de propriedade de poucas pessoas funciona de forma muito semelhante à censura estatal. Por outro lado, a liberdade de expressão é real. Em um palanque ou em certos espaços reconhecidos ao ar livre, como o Hyde Park, pode-se dizer quase tudo e, o que talvez seja mais significativo, ninguém tem medo de expressar suas opiniões verdadeiras em pubs, na parte superior dos ônibus e assim por diante.

A questão é que a relativa liberdade de que desfrutamos depende da opinião pública. A lei não é uma proteção. Os governos criam leis, mas o fato de elas serem ou não cumpridas e o comportamento da polícia dependem do temperamento geral do país. Se um grande número de pessoas estiver interessado na liberdade de expressão, haverá liberdade de expressão, mesmo que a lei a proíba; se a opinião pública for lenta, as minorias inconvenientes serão perseguidas, mesmo que existam leis para protegê-las. O declínio no desejo de liberdade individual não foi tão acentuado como eu teria previsto há seis anos, quando a guerra estava começando, mas ainda assim houve um declínio. A noção de que não se pode permitir que certas opiniões sejam ouvidas com segurança está crescendo. Ela é difundida por intelectuais que confundem a questão ao não distinguir entre oposição democrática e rebelião aberta, e se reflete em nossa crescente indiferença à tirania e à injustiça no exterior. E mesmo aqueles que se declaram a

---

se reuniam para fazer discursos públicos, e isso acentuaria ainda mais a contradição jurídica e policial que ele expõe. (N. E.)

favor da liberdade de opinião geralmente desistem de sua reivindicação quando são seus próprios adversários que estão sendo processados.

Não estou sugerindo que a prisão de cinco pessoas por venderem jornais inofensivos seja uma grande calamidade. Quando se vê o que está acontecendo no mundo hoje, não parece valer a pena reclamar de um incidente tão pequeno. De qualquer forma, não é um bom sintoma que essas coisas aconteçam quando a guerra já acabou, e eu me sentiria mais feliz se esse episódio e a longa série de episódios semelhantes que o precederam fossem capazes de levantar um clamor popular genuíno, e não apenas uma leve agitação em setores da imprensa minoritária.

A liberdade de imprensa[16]

Este livro foi pensado pela primeira vez, no que diz respeito à ideia central, em 1937, mas não foi escrito até o final de 1943. Na época em que foi escrito, era óbvio que haveria grande dificuldade em publicá-lo (apesar da atual escassez de livros, que garante que qualquer coisa que possa ser descrita como um livro será "vendida") e, no caso, ele foi recusado por quatro editoras. Apenas uma delas tinha algum motivo ideológico. Duas delas vinham publicando livros antirrussos há anos, e a outra não tinha nenhuma cor política perceptível. Na verdade, uma editora começou aceitando o livro, mas depois de fazer os preparativos preliminares, decidiu consultar o Ministério da Informação, que parece tê-lo alertado, ou pelo menos aconselhado fortemente, a não publicar o livro. Aqui está um trecho de sua carta:

---

16. "The Freedom of the Press" foi publicado, pela primeira vez, em *The Times Literary Supplement*, 15 de setembro de 1972. Orwell escreveu esse ensaio como prefácio original de *Animal Farm* em 1945, mas ele foi censurado e não publicado na época. O texto só veio a público décadas depois, em 1972, revelando como Orwell sofreu pressões editoriais e políticas no Reino Unido para não atacar a União Soviética num momento em que era aliada na Segunda Guerra Mundial.

Mencionei a reação que tive de um importante funcionário do Ministério da Informação com relação à *Fazenda de Animais*[17]. Devo confessar que essa expressão de opinião me fez pensar seriamente... Agora vejo que ela pode ser considerada como algo que não foi muito aconselhável publicar no momento. Se a fábula fosse dirigida de modo geral a ditadores e ditaduras em geral, então a publicação não teria problema, mas a fábula segue, como vejo agora, tão completamente o progresso dos soviéticos russos e seus dois ditadores, que só pode se aplicar à Rússia, excluindo as outras ditaduras. Outra coisa: seria menos ofensivo se a casta predominante na fábula não fosse a dos porcos[18]. Acho que a escolha de porcos como a casta dominante sem dúvida ofenderá muitas pessoas, especialmente aquelas que são um pouco sensíveis, como sem dúvida são os russos.

Esse tipo de coisa não é um bom sintoma. Obviamente, não é desejável que um departamento do governo tenha qualquer poder de censura (exceto a censura de segurança, à qual ninguém se opõe em tempos de guerra) sobre livros que não são patrocinados oficialmente. Mas o principal perigo para a liberdade de pensamento e de expressão neste momento não é a interferência direta do M.O.I. ou de qualquer órgão oficial. Se as editoras e os editores se

---

17. No Brasil o livro ficou popularmente conhecido como *A Revolução dos Bichos*, devido à sua primeira edição nacional que optou por esse título alternativo; todavia, desde 2022, inúmeras publicações, de várias editoras nacionais, resgataram o título original: *Fazenda dos Animais*. (N. E.)
18. Não está muito claro se essa modificação sugerida é ideia do próprio Sr.... ou teve origem no Ministério da Informação, mas parece ter um toque oficial. (N. A.)

esforçam para manter certos tópicos fora do prelo, não é porque têm medo de serem processados, mas porque têm medo da opinião pública. Neste país, a covardia intelectual é o pior inimigo que um escritor ou jornalista tem de enfrentar, e esse fato não me parece ter tido a discussão que merece.

Qualquer pessoa justa com experiência jornalística admitirá que, durante essa guerra, a censura *oficial* não foi particularmente incômoda. Não fomos submetidos ao tipo de "coordenação" totalitária que seria razoável esperar. A imprensa tem algumas queixas justificadas, mas, no geral, o governo tem se comportado bem e tem sido surpreendentemente tolerante com as opiniões das minorias. O fato sinistro sobre a censura literária na Inglaterra é que ela é amplamente voluntária.

Ideias impopulares podem ser silenciadas e fatos inconvenientes podem ser mantidos em segredo, sem a necessidade de qualquer proibição oficial. Qualquer pessoa que tenha vivido muito tempo em um país estrangeiro saberá de casos de notícias sensacionais – coisas que, por seus próprios méritos, ganhariam as manchetes – que foram mantidas fora da imprensa britânica, não porque o governo interveio, mas por causa de um acordo tácito geral de que "não seria bom" mencionar esse fato específico. No que diz respeito aos jornais diários, isso é fácil de entender. A imprensa britânica é extremamente centralizada, e a maior parte dela pertence a homens ricos que têm todos os motivos para serem desonestos em relação a determinados tópicos importantes. Mas o mesmo tipo de censura velada também opera em livros e periódicos, bem como em peças de teatro, filmes e rádio. Em um determinado momento,

LIBERDADE E TOTALITARISMO

há uma ortodoxia, um conjunto de ideias que se supõe que todas as pessoas que pensam corretamente aceitarão sem questionar. Não é exatamente proibido dizer isso, aquilo ou aquilo outro, mas "não é permitido" dizer isso, assim como, em meados da era vitoriana, "não era permitido" mencionar calças na presença de uma dama. Qualquer pessoa que desafie a ortodoxia predominante se vê silenciada com uma eficácia surpreendente. Uma opinião genuinamente fora de moda quase nunca é ouvida com imparcialidade, seja na imprensa popular ou nos periódicos de alto nível.

Neste momento, o que é exigido pela ortodoxia predominante é uma admiração acrítica pela Rússia Soviética. Todos sabem disso, quase todos agem de acordo com isso. Qualquer crítica séria ao regime soviético, qualquer revelação de fatos que o governo soviético preferiria manter ocultos, é quase imprimível. E essa conspiração nacional para bajular nosso aliado ocorre, curiosamente, em um contexto de tolerância intelectual genuína. Pois, embora não seja permitido criticar o governo soviético, pelo menos você é razoavelmente livre para criticar o nosso. Dificilmente alguém publicará um ataque a Stálin, mas é bastante seguro atacar Churchill, pelo menos em livros e periódicos. E ao longo de cinco anos de guerra, durante dois ou três dos quais estávamos lutando pela sobrevivência nacional, inúmeros livros, panfletos e artigos defendendo um compromisso de paz foram publicados sem interferência. Mais ainda, eles foram publicados sem muita desaprovação. Desde que o prestígio da URSS não esteja envolvido, o princípio da liberdade de expressão tem sido razoavelmente bem defendido. Há outros tópicos proibidos, e mencionarei alguns deles em

A LIBERDADE DE IMPRENSA

breve, mas a atitude predominante em relação à URSS é o sintoma mais grave. Ela é, por assim dizer, espontânea e não se deve à ação de nenhum grupo de pressão.

O servilismo com o qual a maior parte da *intelligentsia* inglesa engoliu e repetiu a propaganda russa a partir de 1941 seria bastante surpreendente, se não fosse pelo fato de terem se comportado de forma semelhante em várias ocasiões anteriores. Em uma questão controversa após a outra, o ponto de vista russo foi aceito sem exame e depois divulgado com total desrespeito à verdade histórica ou à decência intelectual. Para citar apenas um exemplo, a BBC comemorou o vigésimo quinto aniversário do Exército Vermelho sem mencionar Trótski. Isso foi tão preciso quanto comemorar a batalha de Trafalgar sem mencionar Nelson, mas não provocou nenhum protesto da intelectualidade inglesa. Nas lutas internas nos vários países ocupados, a imprensa britânica, em quase todos os casos, ficou do lado da facção favorecida pelos russos e difamou a facção oposta, às vezes suprimindo evidências materiais para fazer isso. Um caso particularmente flagrante foi o do Coronel Mihailovich, o líder Iugoslavo do Chetnik. Os russos, que tinham seu próprio protegido iugoslavo, o marechal Tito, acusaram Mihailović de colaborar com os alemães. Essa acusação foi prontamente aceita pela imprensa britânica: os partidários de Mihailovich não tiveram chance de responder a ela, e os fatos que a contradiziam foram simplesmente mantidos fora de circulação. Em julho de 1943, os alemães ofereceram uma recompensa de 100 mil coroas de ouro pela captura de Tito e uma recompensa semelhante pela captura de Mihailović. A imprensa britânica "espalhou" a recompensa por Tito, mas apenas um jornal mencionou (em letras pequenas) a recompensa por Mihailović, e as acusações de colaboração com os alemães continuaram. Coisas muito semelhantes aconteceram durante a guerra civil espanhola. Naquela época, também, as facções do lado republicano que os russos estavam determinados a esmagar foram imprudentemente difamadas na imprensa inglesa de esquerda, e qualquer declaração em sua defesa, mesmo em forma de carta, teve sua publicação recusada. Atualmente, não apenas as críticas sérias à URSS são consideradas repreensíveis, mas até mesmo o fato da existência de tais críticas é mantido em segredo em alguns casos. Por exemplo, pouco antes de sua morte, Trótski escreveu uma biografia de Stalin. Pode-se supor que não se tratava de um livro totalmente imparcial, mas obviamente era vendável. Uma editora americana havia providenciado a publicação e o livro estava sendo impresso – acredito que as cópias de revisão já haviam sido enviadas – quando a URSS entrou na guerra. O livro foi retirado imediatamente. Nenhuma palavra sobre esse fato foi publicada na imprensa britânica, embora claramente a existência de tal livro e sua supressão tenha sido uma notícia que valeu alguns parágrafos.

É importante distinguir entre o tipo de censura que a *intelligentsia* literária inglesa impõe voluntariamente a si mesma e a censura que às vezes pode ser imposta por grupos de pressão. É notório que certos tópicos não podem ser discutidos por causa de "interesses particulares". O caso mais conhecido é o do esquema de patentes de medicamentos. Mais uma vez, a Igreja Católica tem uma influência considerável na imprensa e pode, até certo ponto, silenciar as críticas contra si mesma. Um escândalo envolvendo um padre católico quase nunca é divulgado, ao passo que um padre anglicano que se envolve em problemas (por exemplo, o Reitor de Stiffkey) é manchete. É muito raro que algo de tendência anticatólica apareça no palco ou em um filme. Qualquer ator pode lhe dizer que uma peça ou filme que ataca ou ridiculariza a Igreja Católica corre o risco de ser boicotado pela imprensa e provavelmente será um fracasso. Mas esse tipo de coisa é inofensivo, ou pelo menos é compreensível. Qualquer organização de grande porte cuidará de seus próprios interesses da melhor forma possível, e a propaganda aberta não é algo a que se possa objetar. Não se esperaria que o *Daily Worker* divulgasse fatos desfavoráveis sobre a URSS, assim como não se esperaria que o *Catholic Herald* denunciasse o Papa. Mas toda pessoa que pensa conhece o *Daily Worker* e o *Catholic Herald* pelo que eles são. O que é inquietante é que, no que diz respeito à URSS e suas políticas, não se pode esperar críticas inteligentes ou mesmo, em muitos casos, honestidade pura e simples de escritores e jornalistas liberais que não estão sob pressão direta para falsificar suas opiniões. Stalin é sacrossanto e certos aspectos de sua política não devem ser discutidos seriamente. Essa regra tem sido observada quase que universalmente desde 1941, mas funcionou, em uma extensão maior do que às vezes é percebido, por dez anos antes disso. Durante todo esse tempo, as críticas *da esquerda* ao regime soviético só podiam ser ouvidas com dificuldade. Havia uma enorme produção de literatura antirrussa, mas quase toda ela vinha do ângulo conservador e era manifestamente desonesta, desatualizada e movida por motivos sórdidos.

LIBERDADE E TOTALITARISMO

Do outro lado, havia um fluxo igualmente enorme e quase igualmente desonesto de propaganda pró-Rússia, e o que equivalia a um boicote a qualquer pessoa que tentasse discutir questões importantíssimas de maneira adulta. Você poderia, de fato, publicar livros antirrussos, mas, se o fizesse, teria a certeza de ser ignorado ou deturpado por quase toda a imprensa especializada. Tanto em público quanto em particular, você foi advertido de que isso "não se faz". O que você disse pode até ser verdade, mas foi "inoportuno" e caiu nas mãos deste ou daquele interesse reacionário. Essa atitude era geralmente defendida com o argumento de que a situação internacional e a necessidade urgente de uma aliança anglo-russa assim o exigiam, mas estava claro que se tratava de uma racionalização. A *intelligentsia* inglesa, ou grande parte dela, havia desenvolvido uma lealdade nacionalista em relação à URSS e, em seus corações, sentiam que lançar qualquer dúvida sobre a sabedoria de Stálin era uma espécie de blasfêmia. Os acontecimentos na Rússia e em outros lugares deveriam ser julgados por padrões diferentes. As execuções intermináveis nos expurgos de 1936-1938 foram aplaudidas por oponentes de longa data da pena de morte, e considerava-se igualmente adequado divulgar a fome quando ocorria na Índia e ocultá-la quando ocorria na Ucrânia. E se isso era verdade antes da guerra, a atmosfera intelectual certamente não está melhor agora.

Mas agora vamos voltar a este meu livro. A reação da maioria dos intelectuais ingleses em relação a ele será bastante simples: "Ele não deveria ter sido publicado". Naturalmente, os críticos que entendem a arte da difamação não o atacarão por motivos políticos, mas literários. Eles dirão que é um livro chato e bobo e um desperdício vergonhoso de papel. Isso pode até ser verdade, mas obviamente não é a história toda. Não se diz que um livro "não deveria ter sido publicado" simplesmente porque é um livro ruim. Afinal de contas, toneladas de lixo são impressas diariamente e ninguém se incomoda. Os intelectuais ingleses, ou a maioria deles, se oporão a esse livro porque ele difama seu líder e (na opinião deles) prejudica a causa do progresso. Se fizesse o contrário, eles não teriam nada a dizer contra ele, mesmo que suas falhas literárias fossem dez vezes mais gritantes do que são. O sucesso do Left Book Club, por exemplo, em um período de quatro ou cinco anos, mostra o quanto eles estão dispostos a tolerar tanto a escrotidão quanto a escrita desleixada, desde que isso lhes diga o que eles querem ouvir.

A questão envolvida aqui é bastante simples: Toda opinião, por mais impopular que seja, por mais tola que seja, tem direito a ser ouvida? Coloque a questão dessa forma e quase todo intelectual inglês achará que deve dizer "Sim". Mas dê a ela uma forma concreta e pergunte: "E quanto a um ataque a Stálin? *Isso* tem direito a ser ouvido?", e a resposta, na maioria das vezes, será "Não". Nesse caso, a ortodoxia atual é desafiada e, portanto, o princípio da liberdade de expressão perde a validade. Agora, quando se exige liberdade de expressão e de imprensa, não se está exigindo liberdade absoluta. Sempre deve haver, ou pelo menos sempre haverá, algum grau de censura, enquanto as sociedades organizadas perdurarem. Mas a liberdade, como disse Rosa Luxemburgo, é "liberdade para o outro". O mesmo princípio está contido nas famosas palavras de Voltaire: "Detesto o que você diz; defenderei até a morte o seu direito de dizê-lo". Se a liberdade intelectual que, sem dúvida, tem sido uma das marcas distintivas da civilização ocidental significa alguma coisa, significa que todos terão o direito de dizer e imprimir o que acreditam ser a verdade, desde que isso não prejudique o resto da comunidade de alguma forma bastante inconfundível. Tanto a democracia capitalista quanto as versões ocidentais do socialismo têm, até recentemente, considerado esse princípio como certo. Nosso governo, como já observei, ainda faz alguma demonstração de respeito a ele. As pessoas comuns nas ruas – em parte, talvez, porque não estão suficientemente interessadas em ideias para serem intolerantes com elas – ainda sustentam vagamente que "suponho que todos têm direito à sua própria opinião". Somente, ou pelo menos principalmente, a *intelligentsia* literária e científica, exatamente as pessoas que deveriam ser as guardiãs da liberdade, estão começando a desprezá-la, tanto na teoria quanto na prática.

Um dos fenômenos peculiares de nosso tempo é o liberal renegado. Além da conhecida alegação marxista de que a "liberdade burguesa" é uma ilusão, há agora uma tendência generalizada de argumentar que só é possível defender a democracia por meio de métodos totalitários. Se alguém ama a democracia, diz o argumento, deve esmagar seus inimigos por qualquer meio que seja. E quem são seus inimigos? Sempre parece que eles não são apenas aqueles que a atacam aberta e conscientemente, mas também aqueles que "objetivamente" a colocam em perigo ao disseminar doutrinas equivocadas. Em outras palavras, defender a democracia envolve destruir toda a independência de pensamento. Esse argumento foi usado, por exemplo, para justificar os expurgos russos. O mais fervoroso russófilo dificilmente acreditava que todas as vítimas fossem culpadas de todas as coisas de que eram acusadas: mas, por terem opiniões heréticas, elas prejudicavam "objetivamente" o regime e, portanto, era correto não apenas massacrá-las, mas também desacreditá-las por meio de acusações falsas. O mesmo argumento foi usado para justificar as mentiras conscientes que a imprensa de esquerda fez sobre os trotskistas e outras minorias republicanas na guerra civil espanhola. E foi usado novamente como motivo para gritar contra o *habeas corpus* quando Mosley foi libertado em 1943.

Essas pessoas não percebem que, se você incentivar métodos totalitários, pode chegar o momento em que eles serão usados contra você em vez de a seu favor. Crie o hábito de prender fascistas sem julgamento, e talvez o processo não se limite aos fascistas. Logo após a reintegração do *Daily Worker*, que havia sido suprimido, eu estava dando uma palestra em uma faculdade de trabalhadores no sul de Londres. O público era formado por intelectuais da classe trabalhadora e da classe média baixa – o mesmo tipo de público que se costumava encontrar nas filiais do Left Book Club. A palestra havia abordado a liberdade de imprensa e, no final, para minha surpresa, vários participantes se levantaram e me perguntaram por que eu não achava a suspensão da proibição do *Daily Worker* um grande erro? Quando perguntaram por que, disseram que era um jornal de lealdade duvidosa e que não deveria ser tolerado em tempos de guerra. Eu me vi defendendo o *Daily* Worker, que se esforçou para me caluniar mais de uma vez. Mas onde essas pessoas aprenderam essa visão essencialmente totalitária?

Certamente aprenderam com os próprios comunistas! A tolerância e a decência estão profundamente enraizadas na Inglaterra, mas não são indestrutíveis e precisam ser mantidas vivas, em parte, por meio de esforço consciente. O resultado da pregação de doutrinas totalitárias é enfraquecer o instinto por meio do qual as pessoas livres sabem o que é ou não perigoso. O caso de Mosley ilustra isso. Em 1940, era perfeitamente correto internar Mosley, quer ele tivesse cometido algum crime ou não. Estávamos lutando por nossas vidas e não podíamos permitir que um possível traidor ficasse livre. Mantê-lo preso, sem julgamento, em 1943 foi um ultraje. A incapacidade geral de enxergar isso foi um sintoma ruim, embora seja verdade que a agitação contra a libertação de Mosley tenha sido parcialmente facciosa e parcialmente uma racionalização de outros descontentamentos. Mas quanto do atual deslizamento em direção às formas de pensamento fascistas pode ser atribuído ao "antifascismo" dos últimos dez anos e à falta de escrúpulos que ele acarretou?

É importante perceber que a atual russomania é apenas um sintoma do enfraquecimento geral da tradição liberal ocidental. Se o M.O.I. tivesse se envolvido e vetado definitivamente a publicação desse livro, a maior parte da *intelligentsia* inglesa não teria visto nada de inquietante nesse fato. A lealdade acrítica à URSS é a ortodoxia atual e, quando os supostos interesses da URSS estão envolvidos, eles estão dispostos a tolerar não apenas a censura, mas a falsificação deliberada da história. Para citar um exemplo. Com a morte de John Reed, autor de *Ten Days that Shook the World (Dez dias que abalaram o mundo),* um relato em primeira mão dos primeiros dias da Revolução Russa, os direitos autorais do livro passaram para as mãos do Partido Comunista Britânico, para quem, acredito, Reed os havia legado. Alguns anos depois, os comunistas britânicos, depois de destruírem a edição original do livro da forma mais completa possível, publicaram uma versão adulterada da qual eliminaram as menções a Trotsky e também omitiram a introdução escrita por Lenin. Se ainda existisse uma *intelligentsia* radical na Grã-Bretanha, esse ato de falsificação teria sido exposto e denunciado em todos os jornais literários do país. Como aconteceu, houve pouco ou nenhum protesto. Para muitos intelectuais ingleses, isso parecia uma coisa natural a se fazer. E essa tolerância ou desonestidade pura e simples significa muito mais do que a admiração pela Rússia que está na moda no momento. É bem possível que essa moda específica não dure. Pelo que sei, quando este livro for publicado, minha opinião sobre o regime soviético poderá ser a mais aceita por todos. Mas qual seria a utilidade disso em si? Trocar uma ortodoxia por outra não é necessariamente um avanço. O inimigo é a mente do gramofone, quer se concorde ou não com o disco que está sendo tocado no momento.

Conheço bem todos os argumentos contra a liberdade de pensamento e de expressão – os argumentos que afirmam que ela não pode existir e os argumentos que afirmam que ela não deveria existir. Respondo simplesmente que eles não me convencem e que nossa civilização, em um período de quatrocentos anos, foi fundada na opinião contrária. Há uma década, acredito que o atual regime russo é essencialmente maligno e reivindico o direito de dizer isso, apesar do fato de sermos aliados da URSS em uma guerra que quero ver vencida. Se eu tivesse que escolher um texto para me justificar, deveria escolher a frase de Milton:

De acordo com as regras conhecidas da liberdade antiga.

A palavra *antiga* enfatiza o fato de que a liberdade intelectual é uma tradição profundamente enraizada, sem a qual nossa cultura ocidental característica só poderia existir de forma duvidosa. Muitos de nossos intelectuais estão se afastando visivelmente dessa tradição. Eles aceitaram o princípio de que um livro deve ser publicado ou suprimido, elogiado ou condenado, não por seus méritos, mas de acordo com a conveniência política. E outros, que na verdade não defendem essa opinião, concordam com ela por pura covardia. Um exemplo disso é o fato de que os numerosos e barulhentos pacifistas ingleses não levantaram suas vozes contra a adoração predominante do militarismo russo. De acordo com esses pacifistas, toda violência é maligna, e eles nos incentivaram em todos os estágios da guerra a ceder ou, pelo menos, a fazer um acordo de paz. Mas quantos deles já sugeriram que a guerra também é ruim quando é travada pelo Exército Vermelho? Aparentemente, os russos têm o direito de se defender, enquanto que para nós fazer isso é um pecado mortal. Essa contradição só pode ser explicada de uma maneira: ou seja, por um desejo covarde de se manter no mesmo nível da maior parte da *intelligentsia*, cujo patriotismo está voltad0o para a URSS e não para a Grã-Bretanha. Sei que a *intelligentsia* inglesa tem muitos motivos para sua timidez e desonestidade; na verdade, conheço de cor os argumentos com os quais eles se justificam. Mas, pelo menos, não vamos mais falar bobagens sobre defender a liberdade contra o fascismo. Se a liberdade significa alguma coisa, significa o direito de dizer às pessoas o que elas não querem ouvir. As pessoas comuns ainda aderem vagamente a essa doutrina e agem de acordo com ela. Em nosso país – não é a mesma coisa em todos os países: não era assim na França republicana, e não é assim nos EUA hoje – são os liberais que temem a liberdade e os intelectuais que querem sujar o intelecto: foi para chamar a atenção para esse fato que escrevi este prefácio.

Algumas reflexões sobre o sapo comum[19]

Antes da andorinha, antes do narciso e não muito depois do último floco de neve, o sapo comum[20] saúda a chegada da primavera à sua maneira, ou seja, saindo de um buraco no chão, onde ficou enterrado desde o outono anterior, e rastejando o mais rápido possível em direção à fonte de água mais próxima. Alguma coisa – algum tipo de tremor na terra, ou talvez apenas um aumento de alguns graus na temperatura – disse a ele que é hora de acordar: embora alguns sapos pareçam dormir o tempo todo e perder um ano de vez em quando – de qualquer forma, eu já os desen-

---

19. George Orwell: "Some Thoughts on the Common Toad" Publicado pela primeira vez: *Tribune*. 12 de abril de 1946.
20. O termo "Common Toad" significa, literalmente, "sapo-comum" em português. Trata-se de uma espécie específica de sapo, conhecida cientificamente como *Bufo bufo*, muito comum na Europa central. Neste texto de Orwell ele carrega conotações simbólicas – por exemplo, representando algo ordinário, natural e, por vezes, negligenciado, porém valioso. (N. E.)

terrei mais de uma vez, vivos e aparentemente bem, no meio do verão.

Nesse período, após seu longo jejum, o sapo tem uma aparência muito espiritual, como um anglo-católico rigoroso no final da Quaresma. Seus movimentos são lânguidos, mas intencionais, seu corpo está encolhido e, em contraste, seus olhos parecem anormalmente grandes. Isso permite que se perceba, o que talvez não se perceberia em outro momento, isto é, que um sapo tem os olhos mais bonitos que qualquer outra criatura viva. É como ouro ou, mais exatamente, é como a pedra semipreciosa dourada que às vezes se vê em anéis de sinete e que acho que é chamada de crisoberilo[21].

Por alguns dias após entrar na água, o sapo se concentra em aumentar sua força comendo pequenos insetos. Em seguida, ele volta ao seu tamanho normal e passa por uma fase de intensa sensualidade. Tudo o que ele sabe, pelo menos se for um sapo macho, é que quer se agarrar a alguma coisa e, se você lhe oferecer um graveto ou até mesmo seu dedo, ele se agarrará a ele com uma força surpreendente e levará muito tempo para descobrir que não se trata de um sapo fêmea. É comum encontrar massas disformes de dez ou vinte sapos rolando sem parar na água, um agarrado ao outro sem distinção de sexo. Aos poucos, porém, eles se dividem em casais, com o macho devidamente sentado nas costas da fêmea. Agora é possível distinguir os machos das fêmeas,

---

21. O crisoberilo trata-se de um mineral relativamente raro, pertencente ao grupo dos óxidos de berílio e alumínio, conhecido pelas suas variações de cor e dureza, sendo uma gema apreciada pela sua beleza e raridade. É comumente usado em joias e coleções, sendo a alexandrita uma das suas variedades mais valiosas. Seu nome deriva do grego "chrysos" (dourado) e "beryl" (berilo). Fonte: https://www.ufrgs.br/minmicro/Crisoberilo.pdf. (N. E.)

ALGUMAS REFLEXÕES SOBRE O SAPO COMUM

pois o macho é menor, mais escuro e fica por cima, com os braços bem apertados em volta do que seria o "pescoço" da fêmea. Depois de um ou dois dias, a semente do sapo é depositada em longos cordões que se enrolam dentro e fora dos juncos e logo se tornam invisíveis. Mais algumas semanas e a água estará viva com massas de minúsculos girinos que rapidamente crescem, desenvolvem as patas traseiras, depois as dianteiras e, em seguida, perdem a cauda e, finalmente, por volta do meio do verão, a nova geração de sapos, menores do que a unha do polegar, mas perfeitos em todos os aspectos, rastejam para fora da água para recomeçar o jogo.

Menciono a desova dos sapos porque é um dos fenômenos da primavera que mais me atrai e porque o sapo, ao contrário da cotovia e da prímula, nunca teve muito incentivo dos poetas. Mas estou ciente de que muitas pessoas não gostam de répteis ou anfíbios, e não estou sugerindo que, para aproveitar a primavera, seja necessário se interessar por sapos. Há também o açafrão, o sabiá, o cuco, o espinheiro etc. A questão é que os prazeres da primavera estão disponíveis para todos e não custam nada. Mesmo na rua mais sórdida, a chegada da primavera será registrada por um sinal ou outro, mesmo que seja apenas um azul mais brilhante entre os vasos da chaminé ou o verde vívido de um sabugueiro brotando em um local destruído. De fato, é notável como a natureza continua existindo de forma não oficial, por assim dizer, no coração de Londres. Vi um peneireiro[22] sobrevoando a fábrica de gás de Deptford e ouvi uma

---

22. Peneireiro-eurasiático (*Falco tinnunculus*), também conhecido como peneireiro-vulgar ou peneireiro-de-dorso-malhado, é ave de rapina da família dos falconídeos. Ele se destaca pela

apresentação de primeira classe de um melro[23] na Euston Road. Deve haver centenas de milhares, se não milhões, de pássaros vivendo dentro do raio de quatro milhas, e é bastante agradável pensar que nenhum deles paga meio centavo de aluguel.

Quanto à primavera, nem mesmo as ruas estreitas e sombrias ao redor do Bank of England são capazes de suprimi-la. Ela se infiltra por toda parte, como um desses novos gases venenosos que passam por todos os filtros. A primavera é comumente chamada de "um milagre" e, nos últimos cinco ou seis anos, essa figura de linguagem desgastada ganhou uma nova vida. Depois dos tipos de invernos que tivemos de suportar recentemente, a primavera parece de fato milagrosa, porque se tornou gradualmente cada vez mais difícil acreditar que ela realmente vai acontecer. Desde 1940, todo mês de fevereiro eu me pego pensando que desta vez o inverno será permanente. Mas Perséfone[24], assim como os sapos, sempre se levanta dos mortos mais ou menos no mesmo momento. De repente, no final de março, o milagre acontece e a favela decadente em que moro[25] é

---

sua habilidade única de "peneirar" no ar, um comportamento que o ajuda a localizar suas presas — daí o nome popular do pássaro. O peneireiro-eurasiático — ou simplesmente peneireiro — tem uma ampla distribuição, sendo encontrado em toda a Europa, grande parte da Ásia e África. Adaptando-se bem a diversos ambientes e continentes. Fonte: https://pt.wikipedia.org/wiki/Peneireiro-eurasiático. (N. E.)

23. O melro (*Turdus merula*), também conhecido como melro-preto, por sua vez, é uma das aves mais conhecidas e facilmente reconhecíveis em grande parte da Europa, Ásia e norte da África, sendo também introduzido em outras regiões, como a Austrália e Nova Zelândia. Ele é um membro da família Turdidae, que inclui os tordos. Fonte: https://pt.wikipedia.org/wiki/Melro-preto. (N. E.)

24. Perséfone é uma figura central da mitologia grega, conhecida como deusa da agricultura, vegetação e, principalmente, como rainha do submundo, esposa de Hades. Ela é a filha de Zeus e Deméter, sendo esta última a deusa da agricultura e das estações do ano. (N. E.)

25. Provavelmente está se referindo ao bairro de Islington, especificamente no 27B da Canonbury Square. Local onde seus biógrafos afirmam que ele se debruçou seriamente sobre sua obra prima, *1984*. (N. E.)

ALGUMAS REFLEXÕES SOBRE O SAPO COMUM

transfigurada. Na praça, os alfeneiros sujos de fuligem se tornaram verdes brilhantes, as folhas das castanheiras estão engrossando, os narcisos estão saindo, as trepadeira estão brotando nas paredes, a túnica do policial parece positivamente assumir um agradável tom de azul, o peixeiro cumprimenta seus clientes com um sorriso e até mesmo os pardais estão com uma cor bem diferente, pois sentiram a suavidade do ar e se prepararam para tomar um banho, o primeiro desde setembro do ano passado.

É perverso sentir prazer na primavera e em outras mudanças sazonais? Em termos mais precisos, é politicamente repreensível, enquanto todos nós estamos gemendo, ou pelo menos deveríamos estar gemendo, sob os grilhões do sistema capitalista, apontar que a vida frequentemente vale mais a pena ser vivida por causa do canto de um melro, de um olmo amarelo[26] em outubro ou de algum outro fenômeno natural que não custa dinheiro e não tem o que os editores de jornais de esquerda chamam de ângulo de classe? Não há dúvida de que muitas pessoas pensam assim. Sei por experiência que uma referência favorável à "Natureza" em um de meus artigos pode me trazer cartas abusivas e, embora a palavra-chave nessas cartas seja geralmente "sentimental", duas ideias parecem estar misturadas nelas. Uma delas é que qualquer prazer no processo real da vida incentiva uma espécie de quietismo político. As pessoas, segundo esse pensamento, deveriam estar descontentes, e

---

26. Olmo é o nome comum de árvores do gênero *Ulmus*, pertencentes à família Ulmaceae. Existem diversas espécies de olmo, distribuídas principalmente no hemisfério norte. Muitas espécies de olmo têm folhas que ficam amarelas no outono, antes de caírem (são árvores caducifólias) — imagina-se que é a este fato que o autor se refere. Fonte: https://en-m-wikipedia-org.translate. goog/wiki/Elm_yellows (N. E.)

é nosso trabalho multiplicar nossos desejos e não simplesmente aumentar nosso prazer com as coisas que já temos. A outra ideia é que esta é a era das máquinas e que não gostar da máquina, ou mesmo querer limitar seu domínio, é retrógrado, reacionário e um tanto ridículo. Isso geralmente é respaldado pela afirmação de que o amor pela natureza é um defeito de pessoas urbanizadas que não têm noção de como a natureza é de fato. Aqueles que realmente têm de lidar com o solo, argumenta-se, não amam o solo e não têm o menor interesse em pássaros ou flores, exceto de um ponto de vista estritamente utilitário. Para amar o campo, é preciso morar na cidade, limitando-se a fazer um passeio ocasional nos fins de semana nas épocas mais quentes do ano.

Essa última ideia é comprovadamente falsa. A literatura medieval, por exemplo, incluindo as baladas populares, está repleta de um entusiasmo quase georgiano pela natureza, e a arte dos povos agrícolas, como os chineses e japoneses, está sempre centrada em árvores, pássaros, flores, rios e montanhas. A outra ideia me parece estar errada de uma forma mais sutil. Certamente devemos estar descontentes, não devemos simplesmente descobrir maneiras de tirar o melhor proveito de um trabalho ruim, mas se matarmos todo o prazer no processo real da vida, que tipo de futuro estamos preparando para nós mesmos? Se um homem não pode desfrutar do retorno da primavera, por que ele deveria ser feliz em uma utopia de economia de trabalho? O que ele fará com o lazer que a máquina lhe proporcionará? Sempre suspeitei que, se nossos problemas econômicos e políticos forem realmente resolvidos, a vida se tornará mais simples em vez de mais complexa, e que o tipo

ALGUMAS REFLEXÕES SOBRE O SAPO COMUM

de prazer que se obtém ao encontrar a primeira prímula será maior do que o tipo de prazer que se obtém ao comer gelo ao som de um Wurlitzer[27]. Acho que, ao manter o amor infantil por coisas como árvores, peixes, borboletas e – voltando ao meu primeiro exemplo – sapos, tornamos um futuro pacífico e decente um pouco mais provável, e que, ao pregar a doutrina de que nada deve ser admirado, exceto o aço e o concreto, apenas tornamos um pouco mais seguro que os seres humanos não terão saída para seu excesso de energia, exceto no ódio e na adoração de líderes.

De qualquer forma, a primavera chegou, mesmo em Londres N. 1[28], e eles não podem impedi-lo de aproveitá-la. Essa é uma reflexão satisfatória. Quantas vezes fiquei observando os sapos se acasalando, ou um par de lebres lutando boxe no milho jovem, e pensei em todas as pessoas importantes que me impediriam de aproveitar isso se pudessem. Mas, felizmente, elas não podem. Contanto que você não esteja realmente doente, com fome, com medo ou detido em uma prisão ou passeando em uma colônia de férias, a primavera ainda é primavera. As bombas atômicas estão se acumulando nas fábricas, a polícia está rondando as cidades, as mentiras estão sendo transmitidas pelos alto-falantes, mas a Terra ainda está girando em torno do sol, e nem os ditadores nem os burocratas, por mais que desaprovem profundamente esse processo, são capazes de impedi-lo.

---

27. Marca norte-americana de instrumentos musicais, especializada em produção pianos, órgãos e jukeboxes. A empresa foi fundada por Rudolph Wurlitzer (1831-1914), e ficou ativa entre 1856 e 1985; seus instrumentos foram famosos em toda a Europa, em especial nas décadas de 1920 a 1960. (N. E.)
28. "London N.1" é uma referência postal – significa North London, distrito 1, ou seja, norte de Londres, zona postal N1. "London N.1" era (e ainda é) o código postal para áreas como Islington, Barnsbury, Canonbury, entre outros; provavelmente, trata-se de uma referência direta ao próprio endereço do autor (veja a nota 7). (N. E.)

Por que os socialistas não acreditam em diversão[29]

Quando se pensa em Natal, quase automaticamente lembra-se também de Charles Dickens, e por dois bons motivos. Para começar, Dickens é um dos poucos escritores ingleses que realmente escreveram sobre o Natal. O Natal é a mais popular das festas inglesas e, ainda assim, produziu pouquíssima literatura. Há as canções de Natal, em sua maioria de origem medieval; há um pequeno punhado de poemas de Robert Bridges, T. S. Eliot e alguns outros, e há Dickens; mas há muito pouco além disso. Em segundo lugar, Dickens é notável, na verdade quase único entre os escritores modernos, por ser capaz de dar uma imagem convincente da felicidade.

---

29. George Orwell (John Freeman): "Can Socialists Be Happy?" Publicado pela primeira vez: *Tribune*, 20 de dezembro de 1943.

Dickens abordou o Natal com sucesso duas vezes em um capítulo de *The Pickwick Papers*[30] [*As aventuras do sr. Pickwick*] e em *A Christmas Carol*[31] [*Uma Canção de Natal*]. Essa última história foi lida para Lenin em seu leito de morte e, de acordo com sua esposa, ele achou seu "sentimentalismo burguês" completamente intolerável. De certa forma, Lenin estava certo, mas se ele estivesse com a saúde melhor, talvez tivesse percebido que a história tem implicações sociológicas interessantes. Para começar, por mais que Dickens tenha colocado uma camada grossa de tinta, e por mais repugnante que seja o "páthos" de Tiny Tim, a família Cratchit dá a impressão de estar se divertindo. Eles parecem felizes, enquanto, por exemplo, os cidadãos de *Nowhere News*[32] [*Notícias de Lugar Nenhum*], de William Morris, não parecem felizes. Além disso, e o entendimento de Dickens sobre isso é um dos segredos de seu poder, a felicidade deles deriva principalmente do contraste. Eles estão animados porque, de uma vez por todas, têm o suficiente para comer. O lobo está à porta, mas está abanando o rabo. O vapor do pudim de Natal flutua em um cenário de lojas de penhores e trabalho suado e, em um duplo sentido, o fantasma de Scrooge está ao lado da mesa de jantar. Bob Cratchit até quer beber à saúde de Scrooge, o que a Sra. Cratchit recusa com razão. Os Cratchits conseguem aproveitar o Natal exatamente porque ele acontece uma vez por ano. E justamente

---

30. A obra foi publicada no Brasil, pela editora Globo, em 2012, sob o título: *As aventuras do sr. Pickwick*. (N. E.)
31. No Brasil, foi intitulado *Uma Canção de Natal*, com várias edições e, entre elas, destacamos a de 2019, da editora Companhia das Letras. (N. E.)
32. Encontramos a seguinte edição em português: Morris, Willian. *Notícias de Lugar Nenhum: ou uma época de Tranquilidade*, Expressão Popular: São Paulo, 2019. (N. E.)

POR QUE OS SOCIALISTAS NÃO ACREDITAM EM DIVERSÃO

por isso a felicidade deles é de fato convincente, o Natal só acontece uma vez por ano. A felicidade deles é convincente apenas porque é descrita como incompleta.

Todos os esforços para descrever a felicidade permanente, por outro lado, foram um fracasso. As utopias (aliás, a palavra Utopia não significa *"um lugar bom"*, mas apenas um *"lugar inexistente"*) têm sido comuns na literatura dos últimos trezentos ou quatrocentos anos, mas as "favoráveis" são invariavelmente pouco apetitosas e, em geral, também carecem de vitalidade.

De longe, as utopias modernas mais conhecidas são as de H. G. Wells. A visão de Wells sobre o futuro está quase totalmente expressa em dois livros escritos no início dos anos 1920, *The Dream*[33] [*Um Sonho*] e *Human Gods*[34] [*Deuses Humanos*]. Aqui você tem uma imagem do mundo como Wells gostaria de vê-lo ou acha que gostaria de vê-lo. É um mundo cujas tônicas são o hedonismo esclarecido e a curiosidade científica. Todos os males e misérias que sofremos atualmente desapareceram. A ignorância, a guerra, a pobreza, a sujeira, a doença, a frustração, a fome, o medo, o excesso de trabalho e a superstição desapareceram. Tão expressivo, é impossível negar que esse é o tipo de mundo que todos nós esperamos. Todos nós queremos abolir as coisas que Wells quer abolir. Mas será que existe alguém que realmente queira viver em uma utopia wellsiana? Pelo contrário, não viver em um mundo como esse, não acordar em um subúrbio com jardim higiênico infestado de colegiais

---

33. Não encontramos edição em português do romance *The Dream* de H. G. Wells. (N. E.)
34. Encontramos no Brasil, a edição em português da editora Escotilha, de 2020, intitulada: *Deuses Humanos*. (N. E.)

nus, tornou-se, na verdade, um motivo político consciente. Um livro como *Brave New World*[35] é uma expressão do medo real que o homem moderno sente da sociedade hedonista racionalizada que está pode criar. Um escritor católico disse recentemente que as utopias agora são tecnicamente viáveis e que, consequentemente, como evitar a utopia se tornou um problema sério. Não podemos considerar isso apenas um comentário bobo. Pois uma das fontes do movimento fascista é o desejo de evitar um mundo muito racional e muito confortável.

Todas as utopias "favoráveis" parecem ser semelhantes no fato de postularem a perfeição, mas serem incapazes de sugerir felicidade. *Notícias de Lugar Nenhum* é uma espécie de versão boazinha da utopia wellsiana. Todos são gentis e razoáveis, todos os estofados são da Liberty's, mas a impressão que fica é de uma espécie de melancolia aquosa. Porém o que mais impressiona é o fato de Jonathan Swift, um dos maiores escritores imaginativos que já existiu, não ser mais bem-sucedido na construção de uma Utopia "favorável" do que os outros.

As primeiras partes das *Viagens de Gulliver*[36] são provavelmente o ataque mais devastador à sociedade humana que já foi escrito. Cada palavra escrita é relevante para os dias atuais; em alguns trechos, elas contêm profecias bastante detalhadas dos horrores políticos de nosso próprio tempo. Swift falha, entretanto, ao tentar descrever uma raça de seres que ele admira. Na última

---

35. *Admirável Mundo Novo*, de Aldous Leonard Huxley, conta com a já clássica edição brasileira, publicado pelo selo Biblioteca Azul, de 2014. (N. E.)
36. Destacamos a edição de 2010, da Companhia das Letras, de *Viagens de Gulliver*. (N. E.)

POR QUE OS SOCIALISTAS NÃO ACREDITAM EM DIVERSÃO

parte, em contraste com os repugnantes Yahoos, vemos os nobres Houyhnhnms, cavalos inteligentes que estão livres das falhas humanas. Ora, esses cavalos, apesar de todo o seu caráter elevado e bom senso infalível, são criaturas notavelmente sombrias. Como os habitantes de várias outras utopias, eles se preocupam principalmente em evitar confusão. Eles vivem vidas tranquilas, moderadas e "razoáveis", livres não apenas de brigas, desordem ou insegurança de qualquer tipo, mas também de "paixão", incluindo o amor físico. Eles escolhem seus parceiros com base em princípios eugênicos, evitam excessos de afeto e parecem de certa forma felizes em morrer quando chega a hora. Nas partes anteriores do livro, Swift mostrou aonde a insensatez e a canalhice do homem o levam: mas tire a insensatez e a canalhice, e tudo o que lhe resta, aparentemente, é um tipo de existência morna, que dificilmente vale a pena levar.

As tentativas de descrever uma felicidade definitivamente de outro mundo não foram mais bem-sucedidas. O Céu é um fracasso tão grande quanto a Utopia, embora o Inferno ocupe um lugar respeitável na literatura e tenha sido descrito com frequência de forma minuciosa e convincente.

É um lugar comum o fato de que o céu cristão, como geralmente retratado, não atrairia ninguém. Quase todos os escritores cristãos que tratam do Céu dizem francamente que ele é indescritível ou evocam uma vaga imagem de ouro, pedras preciosas e o canto interminável de hinos. Isso, é verdade, inspirou alguns dos melhores poemas do mundo:

Suas paredes são de calcedônia,

Seus baluartes são diamantes quadrados,

As tuas portas são de pérola oriental

Extremamente rico e raro[37]!

Mas o que ela não podia fazer era descrever uma condição na qual o ser humano comum desejasse ativamente estar. Muitos ministros revivalistas, muitos padres jesuítas (veja, por exemplo, o sermão fantástico em *Portrait of the Artist*[38] [*Retrato de um Artista*], de James Joyce) assustaram sua congregação quase até a pele com suas imagens do Inferno. Mas assim que se trata do Céu, há um pronto recuo para palavras como "êxtase" e "felicidade", com pouca tentativa de dizer em que elas consistem. Talvez a parte mais importante do texto sobre esse assunto seja a famosa passagem em que Tertuliano explica que uma das principais alegrias do Céu é assistir às torturas dos condenados.

As versões pagãs do Paraíso são pouco melhores, se é que o são de alguma maneira. Tem-se a sensação de que é sempre crepúsculo nos campos elísios. O Olimpo, onde os deuses viviam, com seu néctar e ambrosia, e suas ninfas e Hebes, as "tortas imortais"[39], como D. H. Lawrence as chamava, pode ser um pouco mais acolhedor do que o Pa-

---

37. Este trecho pertence ao hino cristão "Jerusalem, My Happy Home" datado do final do século XVI. A autoria do hino é desconhecida, apesar de existir uma cópia do século XVII assinada por F. B. P.: *A Song Made by F. B. P. to the Tune of Diana*. Para os curiosos, segue o trecho citado em sua versão original:
Thy walls are made of precious stones,
Thy bulwarks diamonds square,
Thy gates are of right orient pearl,
Exceeding rich and rare. (N. E.)
38. No Brasil temos algumas edições do clássico de James Joyc, destacamos a seguinte: JOYCE, James. *Um Retrato do Artista Quando Jovem*. Autêntica: São Paulo, 2018. (N. E.)
39. No original: *immortal tarts*. (N. E.)

POR QUE OS SOCIALISTAS NÃO ACREDITAM EM DIVERSÃO

raíso cristão, mas você não gostaria de passar muito tempo lá. Quanto ao Paraíso Muçulmano, com seus 77 houris[40] por homem, todas presumivelmente clamando por atenção ao mesmo tempo, é apenas um pesadelo. Tampouco os espiritualistas, embora nos assegurem constantemente que "*tudo é brilhante e belo*", são capazes de descrever qualquer atividade no outro mundo que uma pessoa pensante acharia suportável, muito menos atraente.

O mesmo acontece com as tentativas de descrição da felicidade perfeita que não são utópicas nem de outro mundo, mas meramente sensuais. Elas sempre dão uma impressão de vazio ou vulgaridade, ou ambos. No início de *La Pucelle*[41] [A Donzela de Orleans], Voltaire descreve a vida de Carlos IX com sua amante, Agnès Sorel. Eles eram "sempre felizes", diz ele. E em que consistia sua felicidade? Em uma rodada interminável de festas, bebidas, caçadas e amores. Quem não se cansaria de uma existência assim depois de algumas semanas? Rabelais descreve os espíritos afortunados que se divertem no outro mundo para consolá-los por terem passado por maus momentos neste. Eles cantam uma canção que pode ser traduzida de forma aproximada: "*Pular, dançar, pregar peças, beber vinho branco e tinto e não fazer nada o dia todo, exceto contar coroas de ouro*" – como isso soa chato, afinal! O vazio de toda a noção de um eterno "bom tempo" é mostrado no quadro de Breughel, *The Land of the*

---

40. "Houris" (em português, "huris") são um conceito presente na teologia islâmica. Trata-se de mulheres bonitas que são prometidas como recompensa aos homens crentes no paraíso. (N. E.)
41. *A Donzela de Orleans*, trata-se de um poema satírico de Voltaire sobre Joana D'Arc, inicialmente ele circulou em leituras privadas e manuscritos a partir da década de 1730. Devido ao surgimento de impressões piratas nos anos 1750, Voltaire lançou uma edição autorizada, da qual removeu a maioria das passagens obscenas e anticatólicas. (N. E.)

Sluggard (*A terra do preguiçoso*), em que os três grandes pedaços de gordura dormem, cabeça com cabeça, com os ovos cozidos e as pernas de porco assadas subindo para serem comidos por vontade própria.

Parece que os seres humanos não são capazes de descrever, nem talvez de imaginar, a felicidade, exceto em termos de contraste. É por isso que a concepção de Céu ou Utopia varia de época para época. Na sociedade pré-industrial, o Paraíso era descrito como um lugar de descanso sem fim e como sendo pavimentado com ouro, porque a experiência do ser humano médio era de excesso de trabalho e pobreza. As houris do Paraíso muçulmano refletiam uma sociedade poligâmica em que a maioria das mulheres eram sublimadas nos haréns dos ricos. Mas essas imagens de "bem-aventurança eterna" sempre fracassaram porque, à medida que essa bem-aventurança se tornava eterna (a eternidade sendo considerada como tempo infinito), o contraste deixava de funcionar. Algumas das convenções incorporadas em nossa literatura surgiram inicialmente de condições físicas que agora deixaram de existir. O culto à primavera é um exemplo. Na Idade Média, a primavera não significava principalmente andorinhas e flores silvestres. Significava vegetais verdes, leite e carne fresca depois de vários meses vivendo de carne de porco salgada em cabanas sem janelas e cheias de fumaça. As canções de primavera eram alegres:

> Não faça nada além de comer e ter bom ânimo,
> E agradeça aos céus pelo ano alegre
> Quando a carne é barata e as mulheres são caras,

E os rapazes luxuriosos vagam aqui e ali

Tão alegremente,

E sempre entre tão alegremente[42]!

Porque, de fato, havia algo para ser tão alegre.

O inverno havia acabado, isso era o mais importante. O próprio Natal, um festival pré-cristão, provavelmente começou porque era preciso haver uma explosão ocasional de comida e bebida em excesso para dar uma pausa no insuportável inverno do norte.

A incapacidade da humanidade de imaginar a felicidade, exceto na forma de alívio, seja do esforço ou da dor, apresenta aos socialistas um sério problema. Dickens consegue descrever uma família pobre comendo um ganso assado e consegue fazê-la parecer feliz; por outro lado, os habitantes de universos perfeitos parecem não ter alegria espontânea e, em geral, são um tanto repulsivos. Mas é evidente que não estamos almejando o tipo de mundo que Dickens descreveu, nem, provavelmente, qualquer mundo que ele fosse capaz de imaginar. O objetivo socialista não é uma sociedade em que tudo dá certo no final porque senhores idosos bondosos distribuem perus. O que estamos buscando, senão uma sociedade na qual a "caridade" seria desnecessária? Queremos antes um mundo em que

---

42. Esta é uma das mais antigas canções natalinas em inglês, registrada pela primeira vez em 1521 no livro impresso "Christmasse Carolles" publicado por Wynkyn de Worde, um dos primeiros impressores na Inglaterra. No original:
"Do nothing but eat and make good cheer,
And thank Heaven for the merry year
When flesh is cheap and females dear,
And lusty lads roam here and there
So merrily,
And ever among so merrily!". (N. E.)

Scrooge, com seus dividendos, e Tiny Tim, com sua perna tuberculosa, sejam impensáveis. Mas será que isso significa que estamos almejando uma utopia indolor e sem esforço? Correndo o risco de dizer algo que os editores do *Tribune* talvez não aprovem, sugiro que o verdadeiro objetivo do socialismo não é a felicidade. Até agora, a felicidade tem sido um subproduto e, pelo que sabemos, pode continuar sendo. O verdadeiro objetivo do socialismo é a fraternidade humana. Isso é amplamente sentido como sendo o caso, embora geralmente não seja dito, ou não seja dito em voz alta o suficiente. Os homens gastam suas vidas em lutas políticas de partir o coração, ou são mortos em guerras civis, ou torturados nas prisões secretas da Gestapo, não para estabelecer um paraíso com aquecimento central, ar-condicionado e iluminação, mas porque querem um mundo em que os seres humanos amem uns aos outros em vez de se enganarem e se matarem. E eles querem esse mundo como um primeiro passo. O que eles farão a partir daí não é tão certo, e a tentativa de prever isso em detalhes apenas confunde a questão.

O pensamento socialista precisa lidar com previsões, mas apenas em termos amplos. Muitas vezes, é preciso almejar objetivos que só podem ser vistos muito vagamente. Neste momento, por exemplo, o mundo está em guerra e quer paz. No entanto, o mundo não tem experiência de paz e nunca teve, a menos que o Bom Selvagem realmente tenha existido. O mundo quer algo que ele sabe vagamente que pode existir, mas não consegue definir com precisão. Neste dia de Natal, milhares de homens estarão morrendo de hemorragia nas neves russas, ou se afogando em águas geladas, ou se despedaçando uns aos outros em ilhas pantanosas do Pacífico; crianças sem teto estarão lutando por comida entre os destroços das cidades alemãs. Tornar esse tipo de coisa impossível é um bom objetivo. Mas dizer em detalhes como seria um mundo pacífico é uma questão diferente.

Quase todos os criadores da utopia se assemelharam ao homem que tem dor de dente e, portanto, acha que a felicidade consiste em não ter dor de dente. Eles queriam produzir uma sociedade perfeita por meio de uma continuação interminável de algo que só tinha valor por ser temporário. O caminho mais amplo seria dizer que há certas linhas pelas quais a humanidade deve se mover, a grande estratégia está mapeada, mas a profecia detalhada não é nossa tarefa. Quem tenta imaginar a perfeição simplesmente revela seu próprio vazio. Esse é o caso até mesmo de um grande escritor como Swift, que pode esfolar um bispo ou um político de forma tão perfeita, mas que, quando tenta criar um super-homem, deixa apenas a impressão de que a última intenção que ele pode ter é a de que os fétidos Yahoos tinham mais possibilidades de desenvolvimento do que os iluminados Houyhnhnms.

Na frente de seu nariz[43]

Muitas declarações recentes na imprensa afirmam que é quase – se não totalmente – impossível extrairmos a quantidade de carvão de que precisamos para fins domésticos e de exportação, devido à impossibilidade de induzir um número suficiente de mineiros a permanecer nas minas. Um conjunto de números que vi na semana passada estimou o "desperdício" anual de trabalhadores em minas em 60 mil e a entrada anual de novos trabalhadores em 10 mil. Simultaneamente a isso – e às vezes na mesma coluna do mesmo jornal – houve declarações de que seria indesejável usar poloneses ou alemães porque isso poderia levar ao desemprego na indústria do carvão. As duas declarações nem sempre vêm das mesmas fontes, mas certamente deve haver muitas pessoas capazes de manter essas ideias totalmente contraditórias em suas cabeças em um único momento.

---

43. George Orwell: *In front your nose*, Publicado pela primeira vez: *Tribuna*. 22 de março de 1946.

Esse é apenas um exemplo de um hábito mental extremamente difundido, e talvez sempre tenha sido. Bernard Shaw, no prefácio de *Androcles and the Lion*[44], cita como outro exemplo o primeiro capítulo do Evangelho de Mateus, que começa estabelecendo a descendência de José, pai de Jesus, e de Abraão. No primeiro versículo, Jesus é descrito como "filho de Davi, filho de Abraão", e a genealogia é seguida por quinze versículos: depois, no penúltimo versículo, é explicado que, na verdade, Jesus *não* era descendente de Abraão, pois não era filho de José. Isso, diz Shaw, não apresenta nenhuma dificuldade para um crente religioso, e ele cita como um caso paralelo o tumulto no East End de Londres pelos partidários do Reivindicante Tichborne[45], que declararam que um trabalhador britânico estava sendo destituído de seus direitos.

Do ponto de vista médico, acredito que essa maneira de pensar é chamada de esquizofrenia: de qualquer forma, é o poder de manter simultaneamente duas crenças que se anulam. Aliado a ele está o poder de ignorar fatos que são óbvios e inalteráveis, e que terão de ser enfrentados mais cedo ou mais tarde. É especialmente em nosso pensamento político que esses vícios florescem. Deixe-me tirar da cartola alguns exemplos desses assuntos. Eles não têm nenhuma

---

44. É possível encontrar na internet traduções acadêmicas e adaptações da peça de George Bernard Shaw, intitulado *Andrócles e o Leão*, porém não há edições à venda. (N. E.)

45. O caso "Tichborne Claimant" foi um famoso escândalo jurídico britânico do século XIX. Um homem chamado Arthur Orton, um açougueiro australiano, afirmou ser o Sir. Roger Tichborne, herdeiro desaparecido de uma rica família aristocrática britânica. Apesar das provas esmagadoras contra ele, muitas pessoas — especialmente membros das classes populares — acreditaram em sua história. Seguiu-se a isso inúmeros tumultos, manifestações e uma mobilização pública intensa, com o argumento de que se tratava de um homem do povo sendo privado de seus direitos pelas elites. (N. E.)

conexão orgânica entre si: são apenas casos, tomados quase aleatoriamente, de fatos claros e inconfundíveis sendo evitados por pessoas que, em outra parte de sua mente, estão cientes desses fatos.

Hong Kong. Durante anos antes da guerra, todos que tinham conhecimento das condições do Extremo Oriente sabiam que nossa posição em Hong Kong era insustentável e que deveríamos perdê-la assim que uma grande guerra começasse. Esse conhecimento, entretanto, era intolerável, e governo após governo continuou a se agarrar a Hong Kong em vez de devolvê-la aos chineses. Novas tropas foram até mesmo empurradas para lá, com a certeza de que seriam inutilmente feitas prisioneiras, algumas semanas antes do início do ataque japonês. A guerra chegou e Hong Kong caiu prontamente, como todos já sabiam que aconteceria.

Conscrição[46]. Durante anos antes da guerra, quase todas as pessoas esclarecidas eram a favor de enfrentar a Alemanha: a maioria delas também era contra ter armamentos suficientes para tornar essa atitude eficaz. Conheço muito bem os argumentos apresentados em defesa dessa atitude; alguns deles são justificados, mas, em sua maioria, são apenas desculpas forenses. Já em 1939, o Partido Trabalhista votou contra o alistamento militar, uma medida que provavelmente contribuiu para a realização do Pacto Russo-Alemão[47] e certamente teve um efeito desastroso sobre o moral na França. Então veio 1940 e quase perecemos por falta de um exército grande e eficiente, que só poderíamos

---

46. Alistamento para o serviço militar. (N. E.)
47. Ver nota 10 do capítulo "Salvem a Literatura". (N. E.)

ter tido se tivéssemos introduzido o alistamento obrigatório pelo menos três anos antes.

A taxa de natalidade. Há vinte ou vinte e cinco anos, a contracepção e o esclarecimento eram considerados quase sinônimos. Até hoje, a maioria das pessoas argumenta – o argumento é expresso de várias maneiras, mas sempre se resume mais ou menos à mesma coisa – que famílias grandes são impossíveis por motivos econômicos. Ao mesmo tempo, é de conhecimento geral que a taxa de natalidade é mais alta entre as nações de baixo padrão e, em nossa população, mais alta entre os grupos com os piores salários. Também se argumenta que uma população menor significaria menos desemprego e mais conforto para todos, enquanto, por outro lado, está bem estabelecido que uma população cada vez menor e envelhecida enfrenta problemas econômicos calamitosos e talvez insolúveis. Necessariamente, os números são incertos, mas é bem possível que, em apenas setenta anos, nossa população chegue a cerca de onze milhões, dos quais mais da metade serão aposentados por idade. Como, por razões complexas, a maioria das pessoas não quer famílias numerosas, os fatos assustadores podem existir, de algum modo, em sua consciência[48] – sendo ao mesmo tempo conhecidos e não conhecidos.

O.N.U. Para ter qualquer eficácia, uma organização mundial deve ser capaz de se sobrepor aos grandes e pequenos Estados. Ela deve ter o poder de inspecionar e limitar os armamentos, o que significa que seus funcionários devem

---

48. Aqui Orwell está argumentando como a contradição dos fatos e das crenças sem fundamentos conseguem coexistir simultaneamente na consciência popular, sem que isso incomode e pareça racionalmente estranho. (N. E.)

ter acesso a cada centímetro quadrado de cada país. Ela também deve ter à sua disposição uma força armada maior do que qualquer outra força armada e comandada somente pela própria organização. Os dois ou três grandes Estados que realmente importam nunca fingiram concordar com nenhuma dessas condições e organizaram a constituição da O.N.U. de tal forma que suas próprias ações não podem sequer ser discutidas. Em outras palavras, a utilidade da O.N.U. como instrumento de paz mundial é nula. Isso era tão óbvio antes de ela começar a funcionar quanto é agora. No entanto, há apenas alguns meses, milhões de pessoas bem informadas acreditavam que ela seria um sucesso.

Não adianta multiplicar os exemplos. A questão é que todos nós somos capazes de acreditar em coisas que *sabemos* não serem verdadeiras e, quando finalmente se prova que estamos errados, distorcemos os fatos de forma indecente para mostrar que estávamos certos. Intelectualmente, é possível continuar esse processo por um tempo indefinido: o único controle é que, mais cedo ou mais tarde, uma crença falsa esbarra na realidade sólida, e geralmente em um campo de batalha.

Quando se observa a esquizofrenia que prevalece nas sociedades democráticas, as mentiras que precisam ser contadas para fins de captação de votos, o silêncio sobre questões importantes, as distorções da imprensa, é tentador acreditar que nos países totalitários há menos falsidade e mais enfrentamento dos fatos. Lá, pelo menos, os grupos governantes não dependem do favor popular e podem dizer a verdade de forma crua e brutal. Goering podia dizer "Guns before butter" [Armas antes da manteiga], enquanto seus oponentes democráticos tinham que embrulhar o mesmo sentimento em centenas de palavras hipócritas.

Na verdade, porém, a fuga da realidade é muito parecida em todos os lugares e tem as mesmas consequências. O povo russo foi ensinado durante anos que estava em melhor situação do que todos os outros, e os pôsteres de propaganda mostravam famílias russas sentadas para uma refeição farta enquanto o proletariado de outros países passava fome na sarjeta. Enquanto isso, os trabalhadores dos países ocidentais estavam em situação tão melhor do que os da URSS que o não contato entre os cidadãos soviéticos e os estrangeiros tinha de ser um princípio orientador da política. Então, como resultado da guerra, milhões de russos comuns penetraram profundamente na Europa e, quando voltaram para casa, a fuga da realidade era inevitavelmente paga com atritos de vários tipos. Os alemães e os japoneses perderam a guerra em grande parte porque seus governos foram incapazes de enxergar fatos que eram claros para qualquer olho imparcial.

Para enxergar o que está diante do nariz, é necessário um esforço constante. Uma coisa que ajuda nesse sentido é manter um diário ou, de qualquer forma, manter algum tipo de registro de suas opiniões sobre eventos importantes. Caso contrário, quando alguma crença particularmente absurda for destruída pelos acontecimentos, uma pessoa pode simplesmente esquecer que ela acreditava naquele absurdo. As previsões políticas geralmente estão erradas. Mas mesmo quando uma pessoa acerta, descobrir *o porquê* ela estava certa pode ser muito esclarecedor. Em geral, uma pessoa só está correta quando o desejo ou o medo coincide com a realidade. Se reconhecermos isso, não poderemos, é claro, nos livrar dos sentimentos subjetivos, mas poderemos, até certo ponto, isolá-los do pensamento e fazer previsões a sangue frio, como num livro de aritmética. Na vida privada, a maioria das pessoas é bastante realista. Quando se está fazendo o orçamento semanal, dois mais dois invariavelmente são quatro. A política, por outro lado, é uma espécie de palavra subatômica ou não euclidiana em que é muito fácil que a parte seja maior do que o todo ou que dois objetos estejam no mesmo lugar ao mesmo tempo. Daí as contradições e os absurdos que descrevi acima, todos finalmente rastreáveis a uma crença secreta de que as opiniões políticas de uma pessoa, ao contrário do orçamento semanal, não terão de ser testadas contra a realidade sólida.

Escritores e o Leviatã[49]

A posição do escritor em uma era de controle estatal é um assunto que já foi bastante discutido, embora a maioria das evidências que poderiam ser relevantes ainda não esteja disponível. Neste ponto, não quero expressar uma opinião a favor ou contra o patrocínio estatal das artes, mas apenas salientar que *o tipo* de Estado *que* nos governa deve depender em parte da atmosfera intelectual predominante: ou seja, nesse contexto, em parte da atitude dos próprios escritores e artistas e de sua disposição ou não de manter vivo o espírito do liberalismo. Se daqui a dez anos nos encontrarmos encolhidos diante de alguém como Zhdanov[50], provavelmente será porque é isso que merecemos. Obviamente, já existem fortes tendências ao

---

49. George Orwell: *Writers and Leviathan*, Publicado pela primeira vez: *Politics and Letters*. Verão de 1948.
50. Andrei Zhdanov foi um dos principais ideólogos da União Soviética sob Stálin. Ficou famoso por ter liderado a doutrina do "zhdanovismo", um programa de controle total da cultura, das artes e da literatura na URSS, iniciado em 1946. O zhdanovismo exigia que todas as produções culturais servissem aos interesses do Partido Comunista, eliminando qualquer traço de subjetivismo, crítica ou ambiguidade. Escritores, artistas e intelectuais que não se alinhavam eram perseguidos, censurados ou eliminados. (N. E.)

totalitarismo em ação na *intelligentsia* literária inglesa. Aqui, porém, não estou tratando de nenhum movimento organizado e consciente, como o comunismo, e sim do efeito que o pensamento político – e a pressão para se posicionar politicamente – exerce sobre pessoas bem-intencionadas.

Esta é uma era política. Guerra, fascismo, campos de concentração, cassetetes de borracha, bombas atômicas etc., são os temas sobre os quais escrevemos, mesmo quando não os citamos abertamente. Não podemos evitar isso. Quando você está em um navio que está afundando, seus pensamentos serão sobre navios que estão afundando. Mas não apenas nosso assunto é restrito, mas toda a nossa atitude em relação à literatura é colorida por lealdades que, pelo menos intermitentemente, percebemos não serem literárias. Muitas vezes tenho a sensação de que, mesmo nos melhores momentos, a crítica literária é fraudulenta, pois na ausência de quaisquer padrões aceitos – qualquer referência *externa* que possa dar sentido à afirmação de que tal e tal livro é "bom" ou "ruim" – todo julgamento literário consiste em inventar um conjunto de regras para justificar uma preferência instintiva. A reação real de uma pessoa a um livro, quando ela tem alguma reação, geralmente é "eu gosto deste livro" ou "eu não gosto dele", e o que se segue é uma racionalização. Mas "eu gosto deste livro" não é, creio eu, uma reação não literária; a reação não literária é "este livro está do meu lado e, portanto, devo descobrir seus méritos". É claro que, quando alguém elogia um livro por motivos políticos, pode estar sendo emocionalmente sincero, no sentido de que realmente o aprova, mas também acontece com frequência que a solidariedade partidária exige uma mentira pura e simples. Qualquer pessoa acostumada a resenhar livros para periódicos políticos está bem ciente disso. Em geral, se você estiver escrevendo para um jornal com o qual concorda, você peca por comissão, e se for para um jornal de cunho oposto, por omissão. De qualquer forma, inúmeros livros polêmicos – livros a favor ou contra a Rússia Soviética, a favor ou contra o sionismo, a favor ou contra a Igreja Católica etc. – são julgados antes de serem lidos e, na verdade, antes de serem escritos. Sabe-se de antemão que recepção eles terão em quais jornais. E, no entanto, com uma desonestidade que às vezes não é nem um pouco consciente, mantém-se a pretensão de que estão sendo aplicados padrões genuinamente literários.

É claro que a invasão da literatura pela política estava fadada a acontecer. Ela deve ter acontecido, mesmo que o problema especial do totalitarismo nunca tivesse surgido, porque desenvolvemos um tipo de compunção que nossos avós não tinham, uma consciência da enorme injustiça e miséria do mundo. E um sentimento de culpa de que deveríamos estar fazendo algo a respeito, o que torna impossível uma atitude puramente estética em relação à vida. Atualmente, ninguém poderia se dedicar à literatura de forma tão exclusiva quanto Joyce ou Henry James. Mas, infelizmente, aceitar a responsabilidade política agora significa render-se a ortodoxias e "linhas partidárias", com toda a timidez e desonestidade que isso implica. Em comparação com os escritores vitorianos, temos a desvantagem de viver em meio a ideologias políticas bem definidas e de geralmente saber de imediato quais pensamentos são heréticos. Um intelectual literário moderno vive e escreve com medo constante – não, de fato, da opinião pública em um sentido mais amplo, mas da opinião pública dentro de seu próprio grupo. Em geral, felizmente, há mais de um grupo. Mas também há, a qualquer momento, uma ortodoxia dominante, contra a qual é preciso ter uma pele grossa e, às vezes, significa cortar seu sustento pela metade por anos a fio. Obviamente, há cerca de quinze anos, a ortodoxia dominante, especialmente entre os jovens, tem sido a "esquerda". As palavras-chave são "progressista", "democrático" e "revolucionário". Já os rótulos que você deve a todo custo evitar que lhe sejam colados são "burguês", "reacionário" e "fascista". Quase todo mundo hoje em dia, até mesmo a maioria dos católicos e conservadores, é "progressista". Ou, pelo menos, deseja ser considerado assim. Ninguém, até onde eu sei, jamais se descreve como "burguês". Assim como ninguém alfabetizado o suficiente para ter ouvido a palavra jamais admitiu ser culpado de antissemitismo. Todos nós somos bons democratas, antifascistas, anti-imperialistas, desprezamos as distinções de classe, somos imunes ao preconceito de cor, e assim por diante. Também não há muita dúvida de que a ortodoxia da "esquerda" atual é melhor do que a ortodoxia conservadora esnobe e pietista que prevalecia há vinte anos, quando a *Criterion* e (em um nível inferior) a *London Mercury* eram as revistas literárias dominantes. No mínimo, seu objetivo implícito é uma forma viável de sociedade que um grande número de pessoas realmente deseja. Mas ela também tem suas próprias falsidades que, por não poderem ser admitidas, impossibilitam que certas questões sejam discutidas seriamente.

ESCRITORES E O LEVIATÃ

Toda a ideologia de esquerda, científica e utópica, foi desenvolvida por pessoas que não tinham nenhuma perspectiva imediata de chegar ao poder. Era, portanto, uma ideologia extremista, totalmente desdenhosa ante reis, governos, leis, prisões, forças policiais, exércitos, bandeiras, fronteiras, patriotismo, religião, moralidade convencional e, de fato, de todo o esquema existente das coisas. Até bem pouco tempo atrás, as forças da esquerda em todos os países estavam lutando contra uma tirania que parecia ser invencível, e era fácil supor que se apenas *aquela* tirania específica – o capitalismo – pudesse ser derrubada, o socialismo viria em seguida. Além disso, a esquerda herdou do liberalismo algumas crenças nitidamente questionáveis, como a crença de que a verdade prevalecerá e que a perseguição vence a si mesma, ou que o homem é naturalmente bom e só é corrompido por seu ambiente[51]. Essa ideologia perfeccionista persistiu em quase todos nós, e é em nome dela que protestamos quando (por exemplo) um governo trabalhista vota em rendas enormes para as filhas do rei ou demonstra hesitação em nacionalizar o aço. Mas também acumulamos em nossas mentes toda uma série de contradições não admitidas, como resultado de sucessivos choques com a realidade.

O primeiro grande choque foi a Revolução Russa. Por razões um tanto complexas, quase toda a esquerda inglesa foi levada a aceitar o regime russo como "socialista", ao mesmo tempo em que reconhecia silenciosamente que seu espírito e sua prática eram completamente estranhos a tudo

---

51. Referência à tese central de Jean-Jacques Rousseau em *Discurso sobre a Origem e os Fundamentos da Desigualdade Entre os Homens*. (N. E.)

o que se entende por "socialismo" neste país. Assim, surgiu uma espécie de maneira esquizofrênica de pensar, na qual palavras como "democracia" podem ter dois significados irreconciliáveis, e coisas como campos de concentração e deportação em massa podem ser certas e erradas ao mesmo tempo. O próximo golpe contra a ideologia de esquerda foi a ascensão do fascismo, que abalou o pacifismo e o internacionalismo da esquerda sem trazer uma reafirmação definitiva da doutrina. A experiência da ocupação alemã ensinou aos povos europeus algo que os povos coloniais já sabiam, ou seja, que os antagonismos de classe não são totalmente importantes e que existe algo como o interesse nacional. Depois de Hitler, ficou difícil sustentar seriamente que "o inimigo é seu próprio país" e que a independência nacional não tem valor. Mas, embora todos nós saibamos disso e ajamos de acordo com isso quando necessário, ainda sentimos que dizer isso em voz alta seria uma espécie de traição. E, finalmente, a maior dificuldade de todas, é o fato de que a esquerda agora está no poder e é obrigada a assumir responsabilidades e tomar decisões genuínas.

Os governos de esquerda quase sempre decepcionam seus apoiadores porque, mesmo quando a prosperidade que prometeram é alcançável, sempre há a necessidade de um período de transição desconfortável sobre o qual pouco se falou antes. Neste momento, vemos nosso próprio governo, em sua situação econômica desesperadora, lutando contra sua própria propaganda passada. A crise em que estamos agora não é uma calamidade súbita e inesperada, como um terremoto, e não foi causada pela guerra, mas apenas acelerada por ela. Décadas atrás, era possível prever que algo desse tipo aconteceria. Desde o século XIX, nossa renda nacional era extremamente precária, dependente em parte dos juros de investimentos estrangeiros e de mercados garantidos e matérias-primas baratas dos países coloniais. Era certo que, mais cedo ou mais tarde, algo daria errado e seríamos forçados a fazer com que nossas exportações equilibrassem nossas importações: e quando isso acontecesse, o padrão de vida britânico, incluindo o padrão da classe trabalhadora, cairia, pelo menos temporariamente. No entanto, os partidos de esquerda, mesmo quando eram vociferantemente anti-imperialistas, nunca deixaram esses fatos claros. Ocasionalmente, eles estavam prontos para admitir que os trabalhadores britânicos haviam se beneficiado, até certo ponto, com a pilhagem da Ásia e da África, mas sempre permitiam que parecesse que poderíamos abrir mão de nossa pilhagem e, ainda assim, de alguma forma, conseguiríamos permanecer prósperos. De fato, em grande parte, os trabalhadores foram conquistados para o socialismo quando lhes disseram que eram explorados, enquanto a verdade nua e crua era que, em termos mundiais, eles eram exploradores. Agora, ao que tudo indica, chegou-se a um ponto em que o padrão de vida da classe trabalhadora *não pode* ser mantido, muito menos aumentado. Mesmo que espremamos os ricos, a massa da população precisa consumir menos ou produzir mais. Ou será que estou exagerando a bagunça em que nos encontramos? Pode ser que sim, e ficarei feliz se descobrir que estou enganado. Mas o que quero dizer é que essa questão, entre as pessoas que são fiéis à ideologia de esquerda, não pode ser discutida de forma genuína. A redução dos salários e o aumento das

LIBERDADE E TOTALITARISMO

horas de trabalho são considerados medidas inerentemente antissocialistas e, portanto, devem ser descartados de antemão, qualquer que seja a situação econômica. É muito mais seguro fugir da questão e fingir que podemos consertar tudo redistribuindo a renda existente.

Aceitar uma ortodoxia é sempre herdar contradições não resolvidas. Considere, por exemplo, o fato de que todas as pessoas sensíveis se revoltam com o industrialismo e seus produtos e, no entanto, estão cientes de que a conquista da pobreza e a emancipação da classe trabalhadora não exigem menos industrialização, mas cada vez mais. Ou considere o fato de que certos trabalhos são absolutamente necessários e, no entanto, nunca são realizados, exceto sob algum tipo de coerção. Ou considere o fato de que é impossível ter uma política externa positiva sem ter forças armadas poderosas. Poderíamos multiplicar os exemplos. Em todos esses casos, há uma conclusão que é perfeitamente clara, mas que só pode ser tirada se a pessoa for desleal à ideologia oficial. A resposta normal é empurrar a pergunta, sem resposta, para um canto da mente e continuar repetindo palavras de ordem contraditórias. Não é preciso procurar muito nas resenhas e revistas para descobrir os efeitos desse tipo de pensamento.

Não estou, é claro, sugerindo que a desonestidade mental seja peculiar aos socialistas e esquerdistas em geral, ou que seja mais comum entre eles. É apenas o fato de que a aceitação de *qualquer* disciplina política parece ser incompatível com a integridade literária. Isso se aplica igualmente a movimentos como o pacifismo e o personalismo, que afirmam estar fora da luta política comum. De fato, o simples som de palavras terminadas em -ismo parece trazer consigo o cheiro de propaganda. As lealdades de grupo são necessárias e, ainda assim, são venenosas para a literatura, enquanto ela for produto de indivíduos. Assim que se permite que elas exerçam qualquer influência, mesmo que negativa, sobre a escrita criativa, o resultado não é apenas a falsificação, mas, muitas vezes, o verdadeiro ressecamento das faculdades inventivas.

Bem, e depois? Temos que concluir que é dever de todo escritor "manter-se fora da política"? Certamente que não! De qualquer forma, como eu já disse, nenhuma pessoa pensante pode ou consegue se manter genuinamente afastada da política em uma época como a atual. Sugiro apenas que deveríamos fazer uma distinção mais nítida do que fazemos atualmente entre nossas lealdades políticas e literárias, e reconhecer que a disposição de *fazer* certas coisas desagradáveis, mas necessárias, não traz consigo nenhuma obrigação de engolir as crenças que geralmente as acompanham. Quando um escritor se envolve em política, ele deve fazê-lo como cidadão, como ser humano, mas não *como escritor*. Não acho que ele tenha o direito, apenas por causa de sua sensibilidade, de se esquivar do trabalho sujo comum da política. Assim como qualquer outra pessoa, ele deve estar preparado para dar palestras em salões com correntes de ar, giz nas calçadas, fazer pesquisas com eleitores, distribuir panfletos e até mesmo lutar em guerras civis, se necessário. Mas, seja o que for que ele faça a serviço de seu partido, ele nunca deve escrever para ele. Ele deve deixar claro que sua escrita é uma coisa à parte. E ele deve ser capaz de agir de forma cooperativa enquanto, se quiser, rejeita completamente a ideologia oficial. Ele nunca deve se afastar de uma linha de pensamento porque ela pode levar à heresia, e não deve se importar muito se sua falta de ortodoxia for detectada, como provavelmente será. Talvez seja até um mau sinal em um escritor se ele não for suspeito de tendências reacionárias hoje, assim como era um mau sinal se ele não fosse suspeito de simpatias comunistas há vinte anos.

Mas será que tudo isso significa que um escritor não deve apenas se recusar a receber ordens de chefes políticos, mas também que ele deve se abster de escrever *sobre* política? Mais uma vez, certamente não! Não há razão para que ele não escreva da maneira mais crua possível sobre política, se assim o desejar. Apenas ele deve fazê-lo como um indivíduo, um estranho, no máximo um guerrilheiro indesejado no flanco de um exército regular. Essa atitude é bastante compatível com a utilidade política comum. É razoável, por exemplo, estar disposto a lutar em uma guerra por achar que ela deve ser vencida e, ao mesmo tempo, recusar-se a escrever propaganda de guerra. Às vezes, se um escritor for honesto, seus escritos e suas atividades políticas podem, na verdade, contradizer um ao outro. Há ocasiões em que isso é claramente indesejável, mas nesse caso o remédio não é falsificar seus impulsos, mas permanecer em silêncio.

Sugerir que um escritor criativo, em um momento de conflito, deve dividir sua vida em dois compartimentos pode parecer derrotista ou frívolo, mas, na prática, não vejo o que mais ele pode fazer. Trancar-se em uma torre de marfim é impossível e indesejável. Ceder subjetivamente, não apenas a uma máquina partidária, mas até mesmo a uma ideologia de grupo, é destruir-se como escritor. Sentimos que esse dilema é doloroso, pois vemos a necessidade de nos envolvermos na política e, ao mesmo tempo, percebemos que é um negócio sujo e degradante. E a maioria de nós ainda tem a crença persistente de que toda escolha, mesmo toda escolha política, é entre o bem e o mal, e que se algo é necessário, também é correto. Acho que deveríamos nos livrar dessa crença, que pertence ao berçário. Na política, nunca se pode fazer mais do que decidir qual dos dois males é o menor, e há algumas situações das quais só se pode escapar agindo como um demônio ou um lunático. A guerra, por exemplo, pode ser necessária, mas certamente não é correta ou sensata. Até mesmo uma eleição geral não é exatamente um espetáculo agradável ou edificante. Se você tiver que participar de tais coisas – e eu acho que você tem que participar, a menos que esteja blindado pela idade, estupidez ou hipocrisia – então você também tem que manter parte de si mesmo inviolada. Para a maioria das pessoas, o problema não surge da mesma forma, porque suas vidas já estão divididas. Elas estão realmente vivas apenas em suas horas de lazer, e não há conexão emocional entre seu trabalho e suas atividades políticas. Em nome da lealdade política, também não lhes é pedido, em geral, que se rebaixem como trabalhadores. Ao artista, e especialmente ao escritor, é pedido exatamente isso – de fato, é a única coisa que os políticos pedem a ele. Se ele se recusar, isso não significa que está condenado à inatividade. Uma metade dele, que em certo sentido é a totalidade dele, pode agir com a mesma determinação, até mesmo com violência, se necessário, como qualquer outra pessoa. Mas seus escritos, na medida em que tenham algum valor, serão sempre o produto do eu mais sadio que fica de lado, registra as coisas que são feitas e admite sua necessidade, mas se recusa a ser enganado quanto à sua verdadeira natureza.

Política e a língua inglesa[52]

A maioria das pessoas que se preocupam com o assunto admitiria que a língua inglesa está em uma situação ruim, mas geralmente se supõe que não podemos, por ação consciente, fazer nada a respeito. Nossa civilização está decadente e nosso idioma – assim diz o argumento – irá inevitavelmente participar do colapso geral. Segue-se que qualquer luta contra o abuso da linguagem é um arcaísmo sentimental, como preferir velas à luz elétrica ou táxis de aluguel a aviões. Por trás disso está a crença semiconsciente de que a linguagem é um crescimento natural e não um instrumento que moldamos para nossos próprios fins.

Agora, está claro que o declínio de um idioma deve ter causas políticas e econômicas: não se deve simplesmente sob má influência deste ou daquele escritor individual. Mas um efeito pode se tornar uma causa, reforçando a causa original e produzindo o mesmo

---

52. George Orwell: *Politics and the English Language. Publiucado pela primeira vez: Horizon*, abril de 1946. (N. E.)

efeito em uma forma intensificada, e assim por diante, indefinidamente. Um homem pode começar a beber porque se sente fracassado e depois fracassar ainda mais porque bebe. E isso é mais ou menos a mesma coisa que está acontecendo com o idioma inglês. Ela se torna feia e imprecisa porque nossos pensamentos são tolos, e, por sua via, o desleixo de nosso idioma facilita que tenhamos pensamentos tolos. A questão é que o processo é reversível. O inglês moderno, especialmente o inglês escrito, está repleto de maus hábitos que se espalham por imitação e que podem ser evitados se a pessoa estiver disposta a se esforçar. Se alguém se livrar desses hábitos, poderá pensar com mais clareza, e pensar com clareza é um primeiro passo necessário para a regeneração política: de modo que a luta contra o inglês ruim não é frívola e não é uma preocupação exclusiva dos escritores profissionais. Voltarei a esse assunto em breve e espero que, até lá, o significado do que eu disse aqui tenha se tornado mais claro. Enquanto isso, aqui estão cinco exemplos do idioma inglês como ele é escrito habitualmente.

Essas cinco passagens não foram escolhidas por serem especialmente ruins – eu poderia ter citado passagens muito piores se quisesse – mas porque ilustram vários dos vícios mentais dos quais sofremos atualmente. Elas estão um pouco abaixo da média, mas são exemplos bastante representativos. Eu os numerei para que eu possa consultá-los quando necessário:

1. Não estou, de fato, certo de que não seja verdade dizer que o Milton que outrora parecia não muito

diferente de um Shelley do século XVII não tenha se tornado, a partir de uma experiência cada vez mais amarga a cada ano, mais estranho[53] [SIC] ao fundador daquela seita jesuíta que nada poderia induzi-lo a tolerar[54].

Professor Harold Laski (Ensaio sobre Liberdade de Expressão)

2. Acima de tudo, não podemos brincar de *ducks and drakes*[55] com uma bateria de expressões idiomáticas nativas que prescrevem colocações flagrantes de vocábulos como o básico "tolerate" (tolerar) ou "put at a loss" (não entender) para "bewilder" (confundir)[56].

Professor Lancelot Hogben (Interglossia)

3. De um lado, temos a personalidade livre: por definição, ela não é neurótica, pois não tem conflitos nem sonhos. Seus desejos, tais como são, são transparentes, pois são apenas o que a aprovação

---

53. Mais adiante Orwell comentará sobre este deslize e os demais vícios da escrita do Professor Laski. (N. E.)
54. No original:
I am not, indeed, sure whether it is not true to say that the Milton who once seemed not unlike a seventeenth-century Shelley had not become, out of an experience ever more bitter in each year, more alien [sic] to the founder of that Jesuit sect which nothing could induce him to tolerate. (N. E.)
55. No sentido histórico: *Ducks and drakes* trata-se de um jogo infantil tradicional britânico que consiste em jogar uma pedra plana na água para fazê-la quicar na superfície mais longe possível antes de afundar. O significado figurado da expressão inglesa *to play ducks and drakes with something*, é o de desperdiçar, tratar de forma irresponsável, lidar de maneira leviana ou descuidada com algo valioso. (N. E.)
56. No original:
Above all, we cannot play ducks and drakes with a native battery of idioms which prescribes egregious collocations of vocables as the Basic put up with for tolerate, or put at a loss for bewilder. (N. E.)

institucional mantém na vanguarda da consciência; outro padrão institucional alteraria seu número e intensidade; há pouco neles que seja natural, irredutível ou culturalmente perigoso. Mas, por outro lado, o vínculo social em si nada mais é do que o reflexo mútuo dessas integridades autosseguras. Lembre-se da definição de amor. Não é essa a imagem exata de um pequeno acadêmico? Onde há um lugar nesse salão de espelhos para a personalidade ou para a fraternidade[57]?

Ensaio sobre psicologia na política (Nova York)

4. Todas as "melhores pessoas" dos clubes de cavalheiros e todos os frenéticos capitães fascistas, unidos no ódio comum ao socialismo e no horror bestial à maré crescente do movimento revolucionário de massas, recorreram a atos de provocação, ao incendiarismo sujo, a lendas medievais de poços envenenados[58], para legalizar sua própria destruição de organizações proletárias e despertar o agitado

---

57. No original:
On the one side we have the free personality: by definition it is not neurotic, for it has neither conflict nor dream. Its desires, such as they are, are transparent, for they are just what institutional approval keeps in the forefront of consciousness; another institutional pattern would alter their number and intensity; there is little in them that is natural, irreducible, or culturally dangerous. But on the other side, the social bond itself is nothing but the mutual reflection of these self-secure integrities. Recall the definition of love. Is not this the very picture of a small academic? Where is there a place in this hall of mirrors for either personality or fraternity? (N. E.)

58. A expressão *to medieval legends of poisoned wells*, refere-se a lendas comuns na era medieval. Tais "lendas de poços envenenados" eram histórias que alegavam que certas minorias ou grupos marginalizados (muitas vezes judeus, leprosos, hereges, ou outras minorias religiosas e sociais) estavam deliberadamente envenenando os poços e fontes de água comum para espalhar doenças e causar a morte da população cristã. (N. E.)

pequeno-burguês para o fervor chauvinista em nome da luta contra a saída revolucionária da crise[59].

Panfleto comunista

5. Se um novo espírito deve ser infundido neste velho país, há uma reforma espinhosa e controversa que deve ser enfrentada, que é a humanização e a galvanização da BBC. Por exemplo, o coração da Grã-Bretanha pode ser sólido e bater forte, mas o rugido do leão britânico no momento é como o de Bottom em Sonho de uma Noite de Verão, de Shakespeare, tão suave quanto uma pomba que mama[60,61]. Uma nova e viril Grã-Bretanha não pode continuar indefinidamente a ser enganada aos olhos, ou melhor, aos ouvidos do mundo, pelos langores efêmeros de Langham Place, descarada-

---

59. No original:
All the "best people" from the gentlemen's clubs, and all the frantic fascist captains, united in common hatred of Socialism and bestial horror at the rising tide of the mass revolutionary movement, have turned to acts of provocation, to foul incendiarism, to medieval legends of poisoned wells, to legalize their own destruction of proletarian organizations, and rouse the agitated petty-bourgeoise to chauvinistic fervor on behalf of the fight against the revolutionary way out of the crisis. (N. E.)

60. *Sucking dove,* é literalmente, "pomba que mama", referindo-se alegoricamente a um "pombo recém-nascido" ou uma "pomba indefesa", mantivemos a tradução literal para que a crítica de Orwell mantenha seu sentido, assim como para guardar o significado cômico da crítica. (N. E.)

61. Aqui o "leão britânico" — símbolo clássico da força e do imperialismo britânico — é comparado ao personagem Bottom, da peça de Shakespeare *Sonho de uma Noite de Verão*. Bottom, que é um tecelão tolo, em certo momento da peça tenta interpretar um leão, mas, para não assustar as damas da plateia, propõe rugir de forma tão suave quanto uma pomba recém-nascida (a *sucking dove*). É uma cena cômica e patética. Assim, o rugido do leão britânico, que deveria simbolizar poder, autoridade e força imperial, é reduzido a um som dócil, gentil, ridiculamente inofensivo. (N. E.)

mente disfarçados de "inglês padrão"[62]. Quando a Voz da Grã-Bretanha for ouvida às nove horas, é muito melhor e infinitamente menos ridículo ouvir "aitches"[63] honestamente soltos do que a atual arrogância, inflação, inibição, e rajada de school-ma'amish[64] que saem de inocentes e tímidas donzelas que parecem miar[65]!

Carta no Tribune

Cada uma dessas passagens tem suas próprias falhas, mas, além da feiura evitável, duas qualidades são comuns a todas elas. A primeira é a falta de imaginação; a outra é a falta de precisão. O escritor ou tem um significado e não consegue expressá-lo, ou inadvertidamente diz outra coisa, ou é quase indiferente quanto ao fato de suas palavras significarem algo ou não. Essa mistura de imprecisão e pura incompetência é a característica mais

---

62. O prédio da BBC (British Broadcasting Corporation) ficava (e ainda fica) em Langham Place, Londres. Portanto, a expressão representa a própria BBC e seu estilo de locução, considerado na crítica como afetado, aristocrático, artificial e decadente. (N. E.)

63. "Aitches" é a letra "H" (como se soletra o "H" em inglês). "*Dropping aitches*" [Sublimando "agás"] é um traço típico dos dialetos britânicos de classe operária, onde palavras que começam com H perdem esse som. Por exemplo, *house* vira "ouse". Isso é considerado um erro de pronúncia pelas classes educadas, mas é natural nos falares populares. (N. E.)

64. O termo *school-ma'amish* é um adjetivo usado em inglês para descrever alguém que se comporta como uma professora de escola antiga, rígida e excessivamente formal ou moralista. (N. E.)

65. No original:

If a new spirit is to be infused into this old country, there is one thorny and contentious reform which must be tackled, and that is the humanization and galvanization of the B.B.C. Timidity here will bespeak canker and atrophy of the soul. The heart of Britain may be sound and of strong beat, for instance, but the British lion's roar at present is like that of Bottom in Shakespeare's A Midsummer Night's Dream — as gentle as any sucking dove. A virile new Britain cannot continue indefinitely to be traduced in the eyes or rather ears, of the world by the effete languors of Langham Place, brazenly masquerading as "standard English." When the Voice of Britain is heard at nine o'clock, better far and infinitely less ludicrous to hear aitches honestly dropped than the present priggish, inflated, inhibited, school-ma'amish arch braying of blameless bashful mewing maidens! (N. E.)

marcante da prosa inglesa moderna e, especialmente, de qualquer tipo de texto político. Assim que certos tópicos são abordados, o concreto se transforma em abstrato, e ninguém parece ser capaz de pensar em formas de falar que não sejam banais: a prosa consiste cada vez menos em palavras escolhidas pelo seu significado e cada vez mais em frases encaixadas como as seções de um galinheiro pré-fabricado. Relaciono abaixo, com comentários e exemplos, vários dos truques por meio dos quais o trabalho de construção da prosa é habitualmente evitado:

Metáforas mortas. Uma metáfora recém-inventada auxilia o pensamento ao evocar uma imagem visual, enquanto que, por outro lado, uma metáfora que está tecnicamente "morta" (por exemplo, resolução de ferro[66]), na verdade, voltou a ser uma palavra comum e geralmente pode ser usada sem perda de vivacidade. Mas, entre essas duas classes, há um enorme depósito de metáforas desgastadas que perderam todo o poder evocativo e são usadas apenas porque poupam as pessoas do trabalho de inventar frases para si mesmas. Os exemplos são: *ring the changes on* [Fazer as mudanças], *take up the cudgel for* [pegar o bastão para, seguir a linha], *ride roughshod over* [passar por cima], *stand shoulder to shoulder with* [ficar ombro a ombro com], *play into the hands of* [fazer o jogo de alguém], *no axe to grind*

---

66. No contexto cultural inglês, quando se diz que alguém possui uma "iron resolution", implica que essa pessoa não vacila, não hesita, não cede — mantém seus valores propósito com uma rigidez quase sobre-humana. (N. E.)

LIBERDADE E TOTALITARISMO

[não ter interesse algum][67], *grist to the mil* [água no moinho][68], *fishing in troubled Waters* [pescar em águas turbulentas], *on the order of the day* [estar na ordem do dia], *Achilles' heel* [calcanhar de Aquiles], *swan song* [canto do cisne], *Hotbed* [viveiro]. Muitas delas são usadas sem conhecimento de seu significado (o que é uma "fenda"[69], por exemplo?), e metáforas incompatíveis são frequentemente misturadas, um sinal claro de que o escritor não está interessado no que está dizendo. Algumas metáforas atuais foram distorcidas de seu significado original sem que aqueles que as usam percebam o fato. Por exemplo, *toe the line* [andar na linha] às vezes é escrito como *tow the line*[70]. Outro exemplo é o martelo e a bigorna, agora sempre usado com a implicação de que a bigorna leva a pior. Na vida real, é sempre a bigorna que quebra o martelo, nunca o contrário: um escritor que parasse para pensar no que estava dizendo evitaria perverter a frase original.

---

67. No original: *no axe to grind*. A expressão idiomática *no axe to grind* significa que a pessoa não tem um motivo oculto, um interesse pessoal egoísta ou uma queixa particular a resolver ao expressar uma opinião ou fazer uma afirmação. Ela está agindo de forma neutra, imparcial e desinteressada. A origem da expressão remete à imagem de alguém que traz um machado (axe) para afiar (grind) em um lugar onde há uma pedra de amolar pública. Essa pessoa está aproveitando a situação para um benefício pessoal (afiar o machado), mesmo que isso não seja o propósito principal do local. (N. E.)

68. *Grist to the mil*. Literalmente, "grão para o moinho". Uma versão mais abrasileirada seria "lenha na fogueira", ou como optamos por ser mais literal, e manter o contexto do original "água no moinho". (N. E.)

69. *Rift*. (N. E.)

70. Perceba que o verbo "tow", sozinho, significa "rebocar", "puxar", daí que muitos utilizam o *tow the line*, como "puxe a linha", algo parecido como o "folow de money" [siga o dinheiro], ou meramente como "siga a linha de pensamento". Todavia, o "tow" também é uma forma de escrita informal de "toe", do referido "toe the line" [andar na linha], devido à fonética de "toe" e "tow" soarem parecidas. Assim, à revelia da correta escrita, muitos passaram a usar "tow" ao invés de "toe". (N. E.)

Operadores ou muletas verbais. Eles poupam o trabalho de escolher verbos e substantivos apropriados e, ao mesmo tempo, preenchem cada frase com sílabas extras que lhe dão uma aparência de simetria. As frases características são: *render inoperative* [tornar inoperante], *militate Against* [militar contra], *make contact with* [fazer contato com], *be subjected to* [estar sujeito a], *give rise to* [dar origem a], *give grounds for* [dar motivos para], *have the effect of* [ter o efeito de], *Play a leading part (role) in* [desempenhar um papel principal (papel) em], *make itself felt* [fazer-se sentir], *take effect* [ter efeito], *exhibit a tendency to* [exibir uma tendência a], *serve the purpose of* [servir ao propósito de], etc., etc. A tônica é a eliminação dos verbos simples. Em vez de ser uma única palavra, como quebrar, parar, estragar, consertar, matar, um verbo se torna uma frase, composta de um substantivo ou adjetivo anexado a algum verbo de uso geral, como provar, servir, formar, jogar, renderizar. Além disso, sempre que possível, a voz passiva é usada em vez da ativa, e construções nominais são usadas em vez de gerúndios (by examination of [por meio do exame de] em vez de by examining [examinando]). A variedade de verbos é ainda mais reduzida por meio das formações -ize e -de[71], e

---

71. Refere-se ao uso mecânico de verbos formados pelo sufixo "-ize" e "-de", que em inglês transforma substantivos ou adjetivos em verbos. Elas tendem a ser mais longas, mais abstratas e menos diretas do que verbos simples equivalentes. São usadas para encher a frase de sílabas, dar uma aparência de erudição ou tecnicismo, e muitas vezes esconder a responsabilidade da ação, tornando o texto mais pomposo, porém, menos claro. (N. E.)

as declarações banais recebem uma aparência de profundidade por meio da não formação. As conjunções e preposições simples são substituídas por frases como *with respect to* [com relação a], *having regard to* [tendo em conta], *the fact that* [o fato de que], *by dint of* [à força de], *in view of* [tendo em vista], *in the interests of* [no interesse de], *on the hypothesis that* [na hipótese de que]; e os finais das frases são salvos do anticlímax por lugares-comuns retumbantes como *greatly to be desired* [muito a desejar], *cannot be left out of Account* [não pode ser deixado de fora da conta], *a development to be expected in the near future* [um desenvolvimento esperado para um futuro próximo], *mering of serious consideration* [digno de séria consideração], *brought to a satisfactory conclusion* [levado a uma conclusão satisfatória], e assim por diante.

Dicção pretensiosa. Palavras como fenômeno, elemento, indivíduo (como substantivo), objetivo, categórico, eficaz, virtual, básico, primário, promover, constituir, exibir, explorar, utilizar, eliminar,

---

Exemplos de "-ize":
"Modern" - "Modernize" (modernizar)
"System" - Systematize" (sistematizar)
"Util" - "Utilize" (utilizar, em vez do simples use)
"Organ" - "Organize" (organizar)

Exemplos de "-de":
"Dehumanize" - (desumanizar)
"Demobilize" - (desmobilizar)
"Destabilize" - (desestabilizar)
"Devalue" - (desvalorizar). (N. E.)

liquidar são usadas para enfeitar uma declaração simples e dar um ar de imparcialidade científica a julgamentos tendenciosos. Adjetivos como *epoch-making* [marcando época], *epic* [épico], *historic* [histórico], *unforgettable* [inesquecível], *triumphant* [trinfante], *age-old* [antigo], *inevitable* [inevitável], *inexorable* [inexorável], *veritable* [verdadeiro] são usados para dignificar o processo sórdido da política internacional, enquanto a escrita que visa a glorificar a guerra geralmente assume uma cor arcaica, sendo suas palavras características: *realm* [reino/domínio], *throne* [trono], *chariot* [carruagem], *mailed fist* [punho de ferro], *trident* [tridente], *sword* [espada], *shield* [escudo], *buckler* [broquel], *banner* [bandeira], *jackboot* [bota], *clarion* [clarim]. Palavras e expressões estrangeiras, como *cul de sac* [beco sem saída][72], *ancien régime* [antigo regime], *deus ex machina*[73], *mutatis mutandis*[74], *status quo*,

---

72. *Cul-de-sac* é de origem francesa e é bastante utilizado e compreendido em muitos lugares do mundo, inclusive no Brasil, tanto que muitas vezes não é traduzido e se usa o termo original mesmo. "Beco sem saída" é a tradução mais usual e literal. (N. E.)

73. Literalmente, *Deus ex machina* significa "Deus vindo da máquina". O termo se origina do teatro grego e romano antigo. "Deus": Referia-se a uma divindade, "ex machina" significa "da máquina", aludindo a um guindaste (a "machina") usado no palco para baixar atores que representavam deuses. Atualmente, *Deus ex machina* é usado para descrever uma intervenção artificial, improvável ou implausível que resolve subitamente uma situação complexa ou um conflito aparentemente insolúvel em uma narrativa. Essa solução é introduzida de forma abrupta e, muitas vezes, sem ter sido construída logicamente ao longo da história, gerando uma sensação de conveniência forçada e, por vezes, frustração no público. Por ser um termo já universalizado, não se costuma traduzi-lo. (N. E.)

74. *Mutatis mutandis* é uma expressão em latim que significa literalmente "mudando o que deve ser mudado" ou de forma mais figurada: "feitas as devidas alterações". Assim como a palavra anterior, não se usa traduzi-la pelo universalismo de sua aplicação latina. (N. E.)

LIBERDADE E TOTALITARISMO

gleichschaltung[75], *weltanschauung*[76], são usadas para dar um ar de cultura e elegância. Com exceção das úteis abreviações i.e., e.g., and etc., não há necessidade real de nenhuma das centenas de frases estrangeiras atualmente presentes na língua inglesa. Os maus escritores, especialmente os científicos, políticos e sociológicos, quase sempre são assombrados pela noção de que as palavras latinas ou gregas são mais grandiosas do que as saxônicas, e palavras desnecessárias como *expedite* [acelerar], *ameliorate* [melhorar], *predict* [predizer], *extraneous* [estranho], *deracinated* [desenraizado], *clandestine* [clandestino], *subaqueous* [subaquático] e centenas de outras constantemente ganham espaço em relação aos seus equivalentes anglo-saxões[77]. O jargão peculiar à escrita marxista (hiena, carrasco, canibal, pequeno-burguês, essa gente, lacaio, la-

---

75. *Gleichschaltung* é um termo alemão que não possui tradução única e exata para o português, e é geralmente mantido no original devido ao seu significado histórico e político específico, associado ao regime nazista na Alemanha. Literalmente, *Gleichschaltung* significaria algo como "coordenação" ou "sincronização". No entanto, no contexto histórico, refere-se ao processo totalitário pelo qual Adolf Hitler e o Partido Nazista estabeleceram um controle rígido e uniforme sobre todos os aspectos da sociedade alemã após a tomada do poder em 1933. (N. E.)

76. *Weltanschauung* é um termo alemão que, assim como *Gleichschaltung*, é frequentemente mantido no original em muitos idiomas, incluindo o português, devido à sua riqueza de significado e à falta de um único equivalente perfeito. Em uma tradução literal, *Weltanschauung* significa "visão de mundo" ("Welt" = mundo, "Anschauung" = visão/percepção/intuição). No entanto, o termo vai além de uma simples "visão de mundo". Segundo Nicola Abbagnano, em seu *Dicionário de Filosofia* (WMF Martins Fontes) o termo se refere a uma concepção abrangente e coerente do mundo e da vida que uma pessoa, grupo ou cultura possui. É um conjunto fundamental de crenças, valores, ideias e pressupostos que molda a maneira como alguém interpreta a realidade, age no mundo e dá sentido à sua existência. (N. E.)

77. Uma ilustração interessante disso é a maneira como os nomes ingleses das flores, que eram usados até muito recentemente, estão sendo substituídos pelos gregos, *snapdragon* tornando-se *antirrhinum*, *forget-me-not* tornando-se *myosotis* etc. É difícil ver qualquer razão prática para essa mudança de moda: provavelmente se deve a um afastamento instintivo das palavras mais caseiras e a uma vaga sensação de que a palavra grega é científica. (N. A.)

caio, cachorro louco, Guarda Branca etc.) consiste em grande parte de palavras traduzidas do russo, alemão ou francês; mas a maneira normal de cunhar uma nova palavra é usar a raiz latina ou grega com o afixo apropriado e, quando necessário, a formação -ize. Muitas vezes é mais fácil inventar palavras desse tipo (*deregionalize* [desregionalizar], *impermissible* [inadmissível], *extramarital* [extraconjugal], *non-fragmentary* [não fragmentário] e assim por diante) do que pensar em palavras em inglês que abranjam seu significado. O resultado, em geral, é um aumento da desleixo e da imprecisão.

Palavras sem sentido. Em certos tipos de textos, especialmente na crítica de arte e na crítica literária, é normal encontrar passagens longas que são quase totalmente desprovidas de significado[78]. Palavras como romântico, plástico, valores, humano, morto, sentimental, natural, vitalidade, conforme usadas na crítica de arte, são estritamente sem nexo, no sentido de que não apenas não apontam para nenhum objeto detectável, mas o leitor dificilmente espera que o façam. Quando um crítico escreve: "A característica marcante da obra do Sr. X é sua qualidade viva", enquanto outro escreve: "O que mais

---

78. Exemplo: "A universalidade da percepção e da imagem de [Alex] Comfort, estranhamente Whitmanesca em termos de alcance, quase o oposto exato em termos de compulsão estética, continua a evocar aquele tremor atmosférico acumulativo que sugere uma atemporalidade cruel e inexoravelmente serena... Wrey Gardiner marca pontos ao mirar com precisão em pontos simples. Só que eles não são tão simples e, por meio dessa tristeza satisfeita, corre mais do que o doce-amargo superficial da resignação". — *Poetry Quarterly*. (N. A.)

chama a atenção na obra do Sr. X é sua peculiar mortandade", o leitor aceita isso como uma simples diferença de opinião. Se palavras como preto e branco estivessem envolvidas, em vez dos jargões morto e vivo, ele perceberia imediatamente que a linguagem estava sendo usada de forma inadequada. Muitas palavras políticas são abusadas de forma semelhante. A palavra fascismo não tem agora nenhum significado, exceto na medida em que significa "algo não desejável". As palavras democracia, socialismo, liberdade, patriótico, realista, justiça têm, cada uma delas, vários significados diferentes que não podem ser conciliados entre si. No caso de uma palavra como democracia, não apenas não há uma definição consensual, mas a mera tentativa de criar uma é combatida por todos os lados. É quase universalmente aceito que, quando chamamos um país de democrático, estamos elogiando-o. Consequentemente, os defensores de todo tipo de regime afirmam que ele é uma democracia e temem ter que parar de usar essa palavra se ela estiver vinculada a um único significado. Palavras desse tipo geralmente são usadas de forma conscientemente desonesta. Ou seja, a pessoa que as usa tem sua própria definição particular, mas permite que o ouvinte pense que ela quer dizer algo bem diferente. Declarações como "O marechal Pétain[79] foi um

---

79. O Marechal Philippe Pétain (Henri Philippe Pétain) foi uma figura central e extremamente controversa na história francesa do século XX, especialmente por seu papel durante a Segunda Guerra Mundial. O regime de Vichy — governo francês liderado pelo Marechal Pétain — foi um

POLÍTICA E A LÍNGUA INGLESA

verdadeiro patriota", "A imprensa soviética é a mais livre do mundo", "A Igreja Católica se opõe à perseguição" são quase sempre feitas com a intenção de enganar. Outras palavras usadas em significados variáveis, na maioria dos casos de forma mais ou menos desonesta, são: classe, totalitário, ciência, progressista, reacionário, burguês, igualdade.

Agora que fiz esse catálogo de fraudes e perversões, vou dar outro exemplo do tipo de redação a que elas levam. Desta vez, ele deve ser imaginário por natureza. Vou traduzir uma passagem do bom inglês para o inglês moderno da pior espécie. Aqui está um versículo bem conhecido de Eclesiastes:

> Voltei e vi debaixo do sol que a corrida não é para o veloz, nem a batalha para o forte, nem o pão para o sábio, nem as riquezas para os homens de entendimento, nem o favor para os homens de habilidade; mas o tempo e o acaso acontecem a todos eles[80].

Aqui está em inglês moderno:

---

governo autoritário que colaborou ativamente com a Alemanha Nazista. Embora Pétain tenha defendido que estava agindo para proteger a França e seus cidadãos, seu governo implementou políticas antissemitas (inclusive entregando judeus aos nazistas), perseguiu a resistência francesa e suprimiu as liberdades civis. Ele se autoproclamou "Chefe Moral da França" e governou de forma ditatorial. Após a libertação da França pelos Aliados em 1944, Pétain foi preso e julgado por alta traição e colaboração com o inimigo. Ele foi condenado à morte em 1945. No entanto, devido à sua idade avançada e ao seu passado como herói da Primeira Guerra Mundial, sua pena foi comutada para prisão perpétua pelo General Charles de Gaulle, o líder da França Livre e futuro presidente. (N. E.)

80. Eclesiastes 9,11. (N. E.)

> Considerações objetivas de fenômenos contempo-
> râneos levam à conclusão de que o sucesso ou o
> fracasso em atividades competitivas não apresen-
> tam nenhuma tendência a serem proporcionais à
> capacidade inata, mas que um elemento conside-
> rável de imprevisibilidade deve invariavelmente ser
> levado em conta.

Trata-se de uma paródia, mas não muito grosseira. O Anexo (3)[81] acima, por exemplo, contém vários trechos do mesmo tipo de inglês. Como se pode ver, não fiz uma tradução completa. O início e o fim da frase seguem o significado original de perto, mas no meio as ilustrações concretas – corrida, batalha, pão – se dissolvem nas frases vagas "sucesso ou fracasso em atividades competitivas". Tinha de ser assim, porque nenhum escritor moderno do tipo que estou discutindo – ninguém capaz de usar frases como "considerações objetivas de fenômenos contempo-râneos" – jamais tabularia seus pensamentos dessa forma precisa e detalhada. Toda a tendência da prosa moderna está se afastando da concretude. Agora, analise essas duas frases com um pouco mais de atenção. A primeira contém quarenta e nove palavras, mas apenas sessenta sílabas[82], e todas as suas palavras são da vida cotidiana. A segunda contém trinta e oito palavras de noventa sílabas: dezoito dessas palavras são de raízes latinas e uma de origem grega. A primeira frase contém seis imagens vívidas e apenas uma frase ("tempo e o acaso") que poderia ser chamada de vaga.

---

81. O quadro denominado "Dicção pretenciosa". (N. E.)
82. Referências ao original, em inglês. (N. E.)

A segunda não contém uma única frase nova e cativante e, apesar de suas noventa sílabas, apresenta apenas uma versão resumida do significado contido na primeira. No entanto, sem dúvida, é o segundo tipo de frase que está ganhando espaço no inglês moderno. Não quero exagerar. Esse tipo de escrita ainda não é universal, e afloramentos de simplicidade ocorrerão aqui e ali na página mais mal escrita. Ainda assim, se você ou eu tivéssemos que escrever algumas linhas sobre a incerteza da sorte humana, provavelmente estaríamos muito mais próximos da minha frase imaginária do que da frase de Eclesiastes.

Como tentei mostrar, a escrita moderna em sua pior forma não consiste em escolher palavras pelo seu significado e inventar imagens para tornar o significado mais claro. Ela consiste em juntar longas tiras de palavras que já foram colocadas em ordem por outra pessoa e tornar os resultados apresentáveis por pura hipocrisia. O atrativo dessa forma de escrever é que ela é fácil. É mais fácil – e até mais rápido, depois que você pega o jeito – dizer "Na minha opinião, não é injustificável supor que" do que dizer "Eu acho que". Se você usar frases prontas, não só não precisará procurar as palavras, como também não precisará se preocupar com o ritmo das frases, pois essas frases geralmente são organizadas de modo a serem mais ou menos eufônicas. Quando se está compondo com pressa – quando se está ditando para um estenógrafo, por exemplo, ou fazendo um discurso público – é natural cair em um estilo pretensioso e latinizado. Artifícios como "uma consideração que seria bom ter em mente" ou "uma conclusão à qual todos prontamente concordariam" salvarão muitas frases de um tombo abrupto.

Ao usar metáforas, comparações e expressões idiomáticas obsoletas, você economiza muito esforço mental, ao custo de deixar seu significado vago, não apenas para o leitor, mas para você mesmo. Esse é o significado das metáforas mistas[83]. O único objetivo de uma metáfora é evocar uma imagem visual. Quando essas imagens se chocam – como em "O polvo fascista cantou seu canto do cisne, a bota de cavalaria é jogada no cadinho"[84] – pode-se ter certeza de que o escritor não está vendo uma imagem mental dos objetos que está nomeando; em outras palavras, ele não está realmente pensando. Veja novamente os exemplos que dei no início deste ensaio. O professor Laski (1) usa cinco negativas em cinquenta e três palavras. Uma delas é supérflua, o que torna toda a passagem sem sentido e, além disso, há um deslize – *alien* [estranho] ao invés de *akin* [semelhante] – que torna a passagem ainda mais sem sentido, além de várias imperícias evitáveis que aumentam a imprecisão geral. O professor Hogben (2) brinca com uma bateria capaz de escrever prescrições e, embora desaprove a frase cotidiana *put up with* [aguentar], não está disposto a procurar *egregious* [flagrante] no dicionário e ver o que significa; (3) se tomarmos uma atitude pouco caridosa em relação a este texto, diríamos que é simplesmente sem sentido: provavelmente seria possível descobrir o significado pretendido lendo todo o artigo em que ela ocorre. E no texto (4), o escritor sabe mais ou menos o que quer dizer, mas um acúmulo de frases obsoletas o sufoca como folhas

---

83. No original: *mixed metaphors*. (N. E.)
84. No original: "The Fascist octopus has sung its swan song, the jackboot is thrown into the melting pot". (N. E.)

de chá entupindo uma pia. No texto (5), as palavras e o significado quase se separaram. As pessoas que escrevem dessa maneira geralmente têm um significado emocional geral – elas não gostam de uma coisa e querem expressar solidariedade com outra – mas não estão interessadas nos detalhes do que estão dizendo. Um escritor escrupuloso, em cada frase que escreve, fará a si mesmo pelo menos quatro perguntas, a saber

1. O que estou tentando dizer?
2. Que palavras expressam isso?
3. Que imagem ou expressão idiomática tornará isso mais claro?
4. Essa imagem é recente o suficiente para ter um efeito?

E ele provavelmente se perguntará mais duas coisas:

1. Posso ser mais sucinto?
2. Eu disse alguma coisa que seja evitavelmente feia?

Mas você não é obrigado a se dar a todo esse trabalho. Você pode se esquivar dele simplesmente abrindo a mente e deixando que as frases prontas se aglomerem. Elas construirão suas frases para você – até mesmo pensarão seus pensamentos por você, até certo ponto – e, quando necessário, prestarão o importante serviço de ocultar parcialmente seu significado até mesmo de você mesmo. É nesse ponto que fica clara a conexão especial entre a

LIBERDADE E TOTALITARISMO

política e a degradação da linguagem. Em nossa época, é amplamente verdadeiro que a escrita política é uma escrita ruim. Quando isso não é verdade, geralmente se descobre que o escritor é algum tipo de rebelde, expressando suas opiniões particulares e não uma "linha partidária". A ortodoxia, de qualquer cor, parece exigir um estilo imitativo e sem vida. Os dialetos políticos encontrados em panfletos, artigos importantes, manifestos, *white papers* e discursos de subsecretários variam, é claro, de partido para partido, mas são todos iguais no fato de que quase nunca se encontra neles um discurso fresco, vívido e caseiro. Quando se assiste a algum homem cansado no palanque repetindo mecanicamente as frases conhecidas – bestiais, atrocidades, calcanhar de ferro, tirania manchada de sangue, povos livres do mundo, fiquem lado a lado –, muitas vezes temos a curiosa sensação de que não estamos assistindo a um ser humano vivo, mas a algum tipo de boneco: uma sensação que se torna subitamente mais forte nos momentos em que a luz capta os óculos do orador e os transforma em discos vazios que parecem não ter olhos por trás. E isso não é de todo fantasioso. Um orador que usa esse tipo de fraseologia já percorreu algum caminho para se transformar em uma máquina. Os ruídos apropriados estão saindo de sua laringe, mas seu cérebro não está envolvido como estaria se ele estivesse escolhendo as palavras por si mesmo. Se o discurso que ele está fazendo é um discurso que está acostumado a fazer repetidamente, ele pode estar quase inconsciente do que está dizendo, como acontece quando alguém pronuncia as respostas na igreja. E esse estado reduzido de consciência, se não for indispensável, é, de qualquer forma, favorável à conformidade política. Em nossa época, o discurso e a escrita política são, em grande parte, a defesa do indefensável. Coisas como a continuidade do domínio britânico na Índia, os expurgos e as deportações russas, o lançamento das bombas atômicas no Japão, podem, de fato, ser defendidas, mas somente por meio de argumentos que são brutais demais para a maioria das pessoas encarar e que não se encaixam nos objetivos declarados dos partidos políticos. Assim, a linguagem política precisa consistir, em grande parte, de eufemismos, questionamentos e uma indefinição absoluta. Vilarejos indefesos são bombardeados pelo ar, os habitantes são expulsos para o campo, o gado é metralhado, as cabanas são incendiadas com balas incendiárias: isso é chamado de pacificação. Milhões de camponeses são despojados de suas fazendas e enviados pelas estradas com nada mais do que podem carregar: isso é chamado de transferência de população ou retificação de fronteiras. As pessoas são aprisionadas por anos sem julgamento, ou são baleadas na nuca ou enviadas para morrer de escorbuto[85] nos campos de madeira do Ártico: isso é chamado de eliminação de elementos não confiáveis. Essa fraseologia é necessária se quisermos nomear as coisas sem evocar imagens mentais delas. Considere, por exemplo, um confortável professor de inglês defendendo o totalitarismo russo. Ele não pode dizer diretamente: "Eu acredito em matar seus oponentes quando

---

85. Doença causada pela deficiência severa e prolongada de vitamina C. Seus sintomas são: sangramento nas gengivas, manchas roxas na pele (petéquias e equimoses), fraqueza muscular, fadiga extrema e, em casos graves, pode levar à morte. Historicamente, foi comum entre marinheiros em longas viagens e populações com acesso limitado a alimentos frescos, como frutas cítricas e vegetais. (N. E.)

você pode obter bons resultados com isso". Provavelmente, portanto, ele dirá algo assim:

> Embora admitindo livremente que o regime soviético exibe certas características que os humanitários podem estar inclinados a deplorar, acho que devemos concordar que uma certa redução do direito de oposição política é um concomitante inevitável dos períodos de transição, e que os rigores aos quais o povo russo foi obrigado a se submeter foram amplamente justificados na esfera das realizações concretas.

O estilo inflado em si é uma espécie de eufemismo. Então uma massa de palavras em latim cai sobre os fatos como neve macia, obscurecendo o contorno e encobrindo todos os detalhes. O grande inimigo da linguagem clara é a insinceridade. Quando há uma lacuna entre os objetivos reais e os declarados, a pessoa se volta instintivamente para palavras longas e expressões idiomáticas exauridas, como uma sépia[86] jorrando tinta. Em nossa época, não existe essa coisa de "ficar fora da política". Todas as questões são questões políticas, e a própria política é uma massa de mentiras, evasões, tolices, ódio e esquizofrenia. Quando a atmosfera geral é ruim, a linguagem sofre. Eu esperaria des-

---

86. Também conhecida como "choco", é um molusco marinho, parente próximo das lulas e polvos. Caracteriza-se por seu corpo oval e achatado, com uma concha interna (o "osso de choco") e dez apêndices (oito braços curtos e dois tentáculos mais longos). Possui uma notável capacidade de camuflagem, alterando rapidamente a cor e a textura de sua pele. Quando ameaçada, expele uma tinta escura para confundir predadores e facilitar sua fuga. Fonte: https://dicionario.priberam.org/sépias. (N. E.)

cobrir – essa é uma suposição que não tenho conhecimento suficiente para verificar – que os idiomas alemão, russo e italiano se deterioraram nos últimos dez ou quinze anos, como resultado da ditadura.

Mas se o pensamento corrompe o idioma, o idioma também pode corromper o pensamento. Um uso ruim pode se disseminar por tradição e imitação, mesmo entre pessoas que deveriam saber melhor. A linguagem degradada que estou discutindo é, em alguns aspectos, muito conveniente. Frases como "uma suposição não injustificável", "deixa muito a desejar", "não serviria para nada", "uma consideração que deveríamos ter em mente" são uma tentação contínua, um pacote de aspirinas sempre à mão. Dê uma olhada neste ensaio e, com certeza, verá que cometi repetidamente as mesmas falhas contra as quais estou protestando. Pelo correio desta manhã, recebi um panfleto sobre a situação na Alemanha. O autor me disse que "se sentiu impelido" a escrevê-lo. Abro-o aleatoriamente, e esta é quase a primeira frase que vejo: "[Os Aliados] têm a oportunidade não apenas de realizar uma transformação radical da estrutura social e política da Alemanha de tal forma que evite uma reação nacionalista na própria Alemanha, mas, ao mesmo tempo, de lançar as bases de uma Europa cooperativa e unificada". Veja, ele "sente-se impelido" a escrever – sente, presumivelmente, que tem algo novo a dizer – e, no entanto, suas palavras, como cavalos de cavalaria respondendo à corneta, agrupam-se automaticamente no padrão familiar e triste. Essa invasão da mente por frases prontas ("lanças as bases", "realizar uma transformação radical") só pode ser evitada se a pessoa estiver constantemente em guarda contra elas, e cada frase desse tipo anestesia uma parte do cérebro.

Eu disse anteriormente que a decadência de nosso idioma é provavelmente curável. Aqueles que negam isso argumentariam, se é que produziriam algum argumento, que a linguagem apenas reflete as condições sociais existentes e que não podemos influenciar seu desenvolvimento por meio de qualquer ajuste direto nas palavras e construções. No que diz respeito ao tom geral ou ao espírito de um idioma, isso pode ser verdade, mas não é verdade nos detalhes. Palavras e expressões bobas muitas vezes desapareceram, não por meio de qualquer processo evolutivo, mas devido à ação consciente de uma minoria. Dois exemplos recentes foram: *explore every avenue* [explore todos os caminhos] e *leave no stone unturned* [não deixe pedra sobre pedra], que foram eliminados pela zombaria de alguns jornalistas. Há uma longa lista de metáforas mal utilizadas que também poderiam ser eliminadas se um número suficiente de pessoas se interessasse pelo trabalho; e também deveria ser possível rir da *un-formation*[87] e tirá-la da existência[88], reduzir a quantidade de latim e grego na frase média, eliminar frases estrangeiras e palavras científicas perdidas e, em geral, tornar a pretensão fora de moda. Mas todos esses são pontos menores. A defesa da língua inglesa implica mais do que isso, e talvez seja melhor começar dizendo o que ela não implica.

---

87. George Orwell usa o termo "not un-formation" (frequentemente referido simplesmente como "un-formation" na discussão do ensaio, devido ao prefixo "un-") para descrever um hábito de escrita vago e pretensioso. A *not un-formation* é uma construção gramatical onde o escritor usa uma dupla negação para expressar uma afirmação, em vez de uma afirmação direta. (N. E.)
88. É possível livrar-se do prefixo *un* memorizando esta frase: *A not unblack dog was chasing a not unsmall rabbit across a not ungreen field*. (N. A.)

POLÍTICA E A LÍNGUA INGLESA

Para começar, ela não tem nada a ver com arcaísmo, com a recuperação de palavras e formas de falar obsoletas ou com o estabelecimento de um "inglês padrão" do qual nunca se deve sair. Pelo contrário, ela se preocupa especialmente com o descarte de todas as palavras ou expressões idiomáticas que tenham perdido sua utilidade. Não tem nada a ver com a gramática e a sintaxe corretas, que não têm importância desde que o significado seja claro, ou com evitar americanismos, ou com ter o que é chamado de "bom estilo de prosa". Por outro lado, ela não se preocupa com a falsa simplicidade e a tentativa de tornar o inglês escrito coloquial. Tampouco implica em preferir, em todos os casos, a palavra saxônica à latina, embora implique em usar o menor número de palavras e as palavras mais curtas que abranjam seu significado. O que é necessário, acima de tudo, é deixar que o significado escolha a palavra, e não o contrário. Na prosa, a pior coisa que se pode fazer com as palavras é render-se a elas. Quando pensamos em um objeto concreto, pensamos sem palavras e, então, se quisermos descrever o que visualizamos, provavelmente caçaremos até encontrar as palavras exatas que parecem se encaixar nele. Quando pensa em algo abstrato, você está mais inclinado a usar palavras desde o início e, a menos que faça um esforço consciente para evitá-lo, o dialeto existente virá correndo e fará o trabalho para você, às custas de borrar ou até mesmo mudar seu significado. Provavelmente, é melhor adiar o uso de palavras pelo maior tempo possível e deixar o significado o mais claro possível por meio de imagens e sensações. Depois disso, é possível escolher – e não simplesmente aceitar – as frases que melhor abrangem o significado e, em seguida, mudar de ideia e decidir quais impressões suas palavras provavelmente causarão em outra pessoa. Esse último esforço da mente elimina todas as imagens obsoletas ou misturadas, todas as frases pré-fabricadas, as repetições desnecessárias e, de modo geral, a farsa e a imprecisão. Mas muitas vezes podemos ter dúvidas sobre o efeito de uma palavra ou frase, e precisamos de regras nas quais possamos nos apoiar quando o instinto falhar. Acredito que as regras a seguir abrangerão a maioria dos casos:

1. Nunca use metáforas, símiles ou outras figuras de linguagem que você está acostumado a ver na imprensa.
2. Nunca use uma palavra longa quando uma palavra curta for suficiente.
3. Se for possível cortar uma palavra, sempre corte-a.
4. Nunca use a passiva onde você pode usar a ativa.
5. Nunca use uma frase estrangeira, uma palavra científica ou um jargão se puder pensar em um equivalente em inglês para o dia a dia.
6. Quebre qualquer uma dessas regras antes de dizer algo totalmente bárbaro.

Essas regras parecem elementares, e de fato são, mas exigem uma profunda mudança de atitude de qualquer pessoa que tenha se acostumado a escrever no estilo que está na moda. É possível manter todas elas e ainda assim escrever um inglês ruim, mas não é possível escrever o tipo de coisa que citei naqueles cinco exemplos no início deste artigo.

POLÍTICA E A LÍNGUA INGLESA

Não estou considerando aqui o uso literário da linguagem, mas apenas a linguagem como um instrumento para expressar e não para ocultar ou impedir o pensamento. Stuart Chase[89] e outros chegaram perto de afirmar que todas as palavras abstratas são sem sentido, e usaram isso como pretexto para defender um tipo de quietismo político. Já que você não sabe o que é o fascismo, como pode lutar contra o fascismo? Não é preciso engolir absurdos como esse, mas é preciso reconhecer que o caos político atual está ligado à decadência da linguagem e que provavelmente é possível fazer alguma melhoria começando pela parte verbal. Se você simplificar seu inglês, estará livre das piores loucuras da ortodoxia. Você não poderá falar nenhum dos dialetos necessários e, quando fizer um comentário estúpido, sua estupidez será óbvia, até para você mesmo. A linguagem política – e, com variações, isso se aplica a todos os partidos políticos, dos conservadores aos anarquistas – é projetada para fazer com que as mentiras soem verdadeiras e os assassinatos respeitáveis, e para dar uma aparência de solidez ao puro vento. Não se pode mudar tudo isso em um momento, mas pode-se pelo menos mudar os próprios hábitos e, de tempos em tempos, pode-se até mesmo, se zombar alto o suficiente, mandar alguma frase desgastada e inútil – *jackboot* [bota], *Achille's heels* [calcanhar de Aquiles], *hotbed* [viveiro], *melting pot* [cadinho], *acid test* [prova dos nove], *veritable inferno* [verdadeiro inferno], ou outro pedaço de lixo verbal – para a lata de lixo, o seu lugar.

---

89. Stuart Chase (1888-1985) foi conomista, escritor e ativista social norte-americano. Conhecido por seus trabalhos sobre linguagem, semântica e a crítica à linguagem vaga e enganosa em discursos públicos e na propaganda. (N. E.)

Notas ao longo do caminho[90]

Ao ler o brilhante e deprimente livro de Malcolm Muggeridge, *The Thirties*[91], lembrei-me de uma brincadeira bastante cruel que fiz certa vez com uma vespa. Ela estava sugando geleia do meu prato e eu a cortei ao meio. Ela não prestou atenção, simplesmente continuou com sua refeição, enquanto um pequeno fio de geleia escorria de seu esôfago cortado. Só quando tentou voar é que percebeu a coisa terrível que lhe tinha acontecido. O mesmo acontece com o homem moderno. Com aquilo que foi cortado de sua alma, e houve um período – talvez vinte anos – durante o qual ele não notou a perda.

Era absolutamente necessário que a alma fosse cortada. A crença religiosa, na forma como a conhecíamos, tinha que ser abandonada. No século XIX, ela já era, em essência, uma mentira, um dispositivo semiconsciente

---

90. George Orwell: *Notes on the way*. Publicado pela primeira vez: Time and Tide. 30 de março e 6 de abril de 1940.

91. Não localizamos nenhuma edição em português do referido livro. (N. E.)

LIBERDADE E TOTALITARISMO

para manter os ricos, ricos, e os pobres, pobres. Os pobres deveriam se contentar com sua pobreza, porque tudo seria compensado no mundo além da morte, geralmente retratado como algo entre os jardins de Kew[92] e uma joalheria. Dez mil por ano para mim, duas libras por semana para você, mas todos somos filhos de Deus. E por toda a estrutura da sociedade capitalista corria uma mentira semelhante, que era absolutamente necessário arrancar.

Consequentemente, houve um longo período durante o qual quase todo homem pensante era, em certo sentido, um rebelde, e geralmente um rebelde bastante irresponsável. A literatura era em grande parte a "literatura da revolta" ou da "desintegração". Gibbon, Voltaire, Rousseau, Shelley, Byron, Dickens, Stendhal, Samuel Butler, Ibsen, Zola, Flaubert, Shaw, Joyce – de uma forma ou de outra, todos eles são destruidores, sabotadores, demolidores.

Durante duzentos anos, serramos, serramos e serramos o galho em que estávamos sentados. E, no final, muito mais repentinamente do que qualquer um poderia prever, nossos esforços foram recompensados e caímos. Mas, infelizmente, houve um pequeno erro. O que havia no fundo não era um leito de rosas, afinal, era uma fossa cheia de arame farpado. É como se, no espaço de dez anos, tivéssemos voltado à Idade da Pedra. Tipos humanos supostamente

---

92. Os Jardins de Kew (ou *Kew Gardens*) são um vasto complexo botânico localizado no sudoeste de Londres, fundado em 1759. Reconhecido como Patrimônio Mundial da UNESCO, o local abriga uma das mais extensas e importantes coleções de plantas vivas do mundo, além de estufas vitorianas, jardins paisagísticos e centros de pesquisa em botânica. Kew é frequentemente mencionado na literatura britânica como símbolo de beleza natural, contemplação e, em alguns casos, da relação entre o ser humano e o ambiente urbano domesticado. (N. E.)

extintos há séculos, o dervixe dançarino[93], o chefe dos ladrões, o Grande Inquisidor, reapareceram de repente, não como internos de manicômios, mas como senhores do mundo. A mecanização e a economia coletiva aparentemente não são suficientes. Por si só, elas levam apenas ao pesadelo que estamos vivendo agora: guerra sem fim e subalimentação sem fim, tudo em nome da guerra, populações escravas trabalhando atrás de arame farpado, mulheres arrastadas gritando para o cadafalso, porões forrados de cortiça onde o carrasco explode seus miolos por trás. Assim, parece que a amputação da alma não é apenas um simples trabalho cirúrgico, como tirar o apêndice. A ferida tem tendência a infeccionar.

A essência do livro de Muggeridge está contida em dois textos do Eclesiastes: "Vaidade das vaidades, diz o pregador; tudo é vaidade"[94] e "Teme a Deus e guarda os seus mandamentos; porque este é o dever de todo homem"[95]. É um ponto de vista que ganhou muito terreno ultimamente, entre pessoas que teriam rido dele há apenas alguns anos. Estamos vivendo um pesadelo precisamente porque tentamos criar um paraíso terrestre. Acreditamos no "progresso". Confiamos na liderança

---

93. O termo "dervixe dançarino" refere-se aos membros da Ordem Mevlevi, uma vertente mística do sufismo islâmico fundada no século XIII na Turquia, cujos praticantes realizam a *sema*, uma cerimônia espiritual que inclui uma dança giratória característica. Essa dança simboliza a jornada do espírito em direção à união com Deus: os dervixes giram com o braço direito voltado para o céu (para receber a graça divina) e o esquerdo para a terra (para transmiti-la ao mundo). O movimento contínuo busca transcender o ego e alcançar o estado de êxtase místico. A prática foi inspirada nos ensinamentos do poeta sufi Jalal ad-Din Rumi e é, ao mesmo tempo, ato de devoção e meditação em movimento. (N. E.)

94. Eclesiastes 1, 2. (N. E.)

95. Eclesiastes 12, 13. (N. E.)

humana, entregamos a César o que é de Deus – essa é, aproximadamente, a linha de pensamento.

Infelizmente, o Sr. Muggeridge não mostra nenhum sinal de acreditar em Deus. Ou, pelo menos, parece dar como certo que essa crença está desaparecendo da mente humana. Não há muita dúvida de que ele está certo, e se assumirmos que nenhuma sanção pode ser eficaz, exceto a sobrenatural, fica claro o que se segue. Não há sabedoria, exceto no temor a Deus; mas ninguém teme a Deus; portanto, não há sabedoria. A história do homem se reduz à ascensão e queda de civilizações materiais, uma Torre de Babel após a outra. Nesse caso, podemos ter certeza do que nos espera. Guerras e mais guerras, revoluções e contrarrevoluções, Hitlers e super-Hitlers – e assim por diante, descendo a um abismo que é horrível de se contemplar, embora eu suspeite que o Sr. Muggeridge aprecia essa perspectiva.

Deve fazer cerca de trinta anos que o Sr. Hilaire Belloc, em seu livro *O Estado servil*[96], previu com surpreendente precisão as coisas que estão acontecendo agora. Mas, infelizmente, ele não tinha nenhuma solução a oferecer. Ele não conseguia conceber nada entre a escravidão e o retorno à pequena propriedade, o que obviamente não vai acontecer e, na verdade, não pode acontecer. Agora, não há muita dúvida de que será inevitável uma sociedade coletivista. A única questão é se ela será fundada na cooperação voluntária ou nas metralhadoras. O Reino dos Céus, à moda antiga, fracassou definitivamente, mas, por

---

96. Encontramos a seguinte edição em português: BELLOC, Hilaire. *O Estado servil*. Danúbio: São Paulo, 2017. (N. E.)

outro lado, o "realismo marxista" também fracassou, independentemente do que possa alcançar materialmente. Aparentemente, não há alternativa, exceto aquilo contra o qual o Sr. Muggeridge, o Sr. F.A. Voigt e outros que pensam como eles nos alertam tão veementemente: o tão ridicularizado "Reino da Terra", o conceito de uma sociedade na qual os homens sabem que são mortais e, mesmo assim, estão dispostos a agir como irmãos.

A irmandade implica um pai comum. Por isso, argumenta-se frequentemente que os homens nunca podem desenvolver o sentido de comunidade a menos que acreditem em Deus. A resposta é que, de forma semiconsciente, a maioria deles já o desenvolveu. O homem não é um indivíduo, é apenas uma célula num corpo eterno, e tem uma vaga consciência disso. Não há outra forma de explicar por que razão os homens morrem em batalha. É um disparate dizer que o fazem apenas porque são impelidos a isso. Se exércitos inteiros tivessem que ser coagidos, nenhuma guerra poderia ser travada. Os homens morrem em batalha – não de bom grado, é claro, mas de qualquer forma voluntariamente – por causa de abstrações chamadas "honra", "dever", "patriotismo" e assim por diante.

Tudo isso realmente significa é que eles estão cientes de algum organismo maior do que eles mesmos, que se estende para o futuro e para o passado, dentro do qual eles se sentem imortais. "Quem morre se a Inglaterra vive?" soa como uma frase bombástica, mas se você substituir "Inglaterra" por qualquer outra palavra de sua preferência, verá que ela expressa um dos principais motivos da conduta humana. As pessoas se sacrificam por comunidades fragmentadas – nação, raça, credo, classe – e só se dão conta de que não são indivíduos no momento em que enfrentam as balas. Um aumento muito pequeno da consciência e do seu sentido de lealdade poderia ser transferido para a própria humanidade, que não é uma abstração.

O *Admirável Mundo Novo*, de Aldous Huxley, era uma boa caricatura da utopia hedonista, o tipo de coisa que parecia possível e até iminente antes do aparecimento de Hitler, mas não tinha qualquer relação com o futuro real. O que estamos caminhando neste momento é algo mais parecido com a Inquisição Espanhola, e provavelmente muito pior, graças ao rádio e à polícia secreta. Há muito poucas chances de escapar disso, a menos que possamos restabelecer a crença na fraternidade humana sem a necessidade de um "mundo próximo" para dar sentido a ela. É isso que leva pessoas inocentes como o decano de Cantuária a imaginar que descobriram o verdadeiro cristianismo na Rússia Soviética[97]. Sem dúvida, eles são apenas vítimas da propaganda, mas o que os torna tão dispostos a serem enganados é o conhecimento de que o Reino dos Céus tem, de alguma forma, que ser trazido à superfície da Terra. Não precisamos ser filhos de Deus, mesmo que o Deus do Livro de Orações não exista mais.

---

97. O "decano de Canterbury" mencionado por Orwell é uma referência ao reverendo Hewlett Johnson (1874-1966), apelidado de "o decano vermelho" por sua notória simpatia pela União Soviética. Decano da Catedral de Canterbury entre 1931 e 1963, Johnson ficou famoso por defender publicamente o regime stalinista, que via como a encarnação prática dos ideais cristãos de justiça social e fraternidade. Em livros como *The Socialist Sixth of the World* (1939), ele exaltava os feitos da URSS enquanto minimizava ou ignorava suas repressões e expurgos. Orwell critica aqui a tendência de certos intelectuais e religiosos ocidentais de projetarem suas esperanças espirituais ou utópicas em regimes autoritários, confundindo ideologia com fé, e verdade com propaganda – um tema recorrente em sua obra. (N. E.)

As mesmas pessoas que dinamitaram nossa civilização, às vezes, estavam plenamente cientes disso. A famosa frase de Marx de que "a religião é o ópio do povo" é habitualmente arrancada de seu contexto e recebe um significado sutil, mas apreciavelmente diferente daquele que ele lhe deu. Marx não disse, pelo menos naquele lugar, que a religião é apenas uma droga distribuída por aqueles que estão no poder; ele disse que é algo que as pessoas criam para si mesmas para suprir uma necessidade que ele reconhecia como real. "A religião é o suspiro da alma em um mundo sem alma. A religião é o ópio do povo". O que ele está dizendo, senão que o homem não vive só de pão, que o ódio não é suficiente, que um mundo em que vale a pena viver não pode ser fundado no "realismo" e nas metralhadoras? Se ele tivesse previsto quão grande seria sua influência intelectual, talvez tivesse dito isso com mais frequência e mais alto.

As Fronteiras da Arte e da Propaganda[98]

Estou falando de crítica literária, e no mundo em que vivemos, isso é quase tão pouco promissor quanto falar de paz. Esta não é uma era pacífica, nem crítica. Na Europa dos últimos dez anos, a crítica literária do tipo mais antigo – crítica realmente judiciosa, escrupulosa, imparcial, que trata uma obra de arte como algo valioso em si – tem sido quase impossível.

Se olharmos para a literatura inglesa dos últimos dez anos, não tanto para a literatura em si, mas para a atitude literária predominante, o que nos impressiona é que ela quase deixou de ser estética. A literatura foi inundada pela propaganda. Não quero dizer que todos os livros escritos durante esse período tenham sido ruins. Mas os escritores característicos da época, pessoas como

---

98. George Orwell: *The Frontiers of Art and Propaganda*. Publicado pela primeira vez: *Listener* (transmitido pelo Serviço Internacional da BBC em 30 de abril de 1941). 29 de maio de 1941.

Auden, Spender e MacNeice, foram escritores didáticos e políticos, esteticamente conscientes, é claro, mas mais interessados no tema do que na técnica. E a crítica mais viva tem sido quase toda obra de escritores marxistas, pessoas como Christopher Caudwell, Philip Henderson e Edward Upward, que encaram cada livro praticamente como um panfleto político e estão muito mais interessados em desenterrar suas implicações políticas e sociais do que em suas qualidades literárias em sentido estrito.

Isso é ainda mais impressionante porque estabelece um contraste muito nítido e repentino com o período imediatamente anterior. Os escritores característicos da década de 1920 – T. S. Eliot, por exemplo, Ezra Pound, Virginia Woolf – eram escritores que davam ênfase principal à técnica. Eles tinham suas crenças e preconceitos, é claro, mas estavam muito mais interessados em inovações técnicas do que em qualquer implicação moral, significativa ou política que sua obra pudesse conter. O melhor de todos, James Joyce, era um técnico – e pouco mais que isso –, talvez o mais próximo que um escritor pode chegar de ser um artista "puro". Mesmo D. H. Lawrence, embora fosse mais um "escritor com um propósito" do que a maioria dos outros de sua época, não tinha muito do que hoje chamaríamos de consciência social. E embora eu tenha restringido isso à década de 1920, a situação na verdade se fez real, aproximadamente, partir 1890. Ao longo de todo esse período, a noção de que a forma é mais importante do que o tema, a noção de "arte pela arte", era tida como certa. Havia escritores que discordavam, é claro – Bernard Shaw era um deles –, mas essa era a perspectiva predominante. O crítico mais importante do período, George Saintsbury, era um homem muito idoso na década de 1920, mas exerceu uma influência poderosa até cerca de 1930, e Saintsbury sempre defendeu firmemente a atitude técnica em relação à arte. Ele afirmava que ele próprio podia julgar, e de fato o fazia, qualquer livro apenas por sua execução, seu estilo, e era quase indiferente às opiniões do autor.

Agora, como explicar essa mudança tão repentina de perspectiva? Por volta do final da década de 1920, encontramos um livro como o de Edith Sitwell sobre Pope[99], com uma ênfase completamente frívola na técnica, tratando a literatura como uma espécie de bordado, quase como se as palavras não tivessem significados; e apenas alguns anos depois, encontramos um crítico marxista como Edward Upward afirmando que os livros só podem ser "bons" quando têm tendências marxistas. Em certo sentido, tanto Edith Sitwell quanto Edward Upward foram representativos de seu período. A questão é: por que suas perspectivas seriam tão diferentes?

Acredito que se deve buscar a razão em circunstâncias externas. Tanto a atitude estética quanto a política em relação à literatura foram produzidas, ou pelo menos condicionadas, pela atmosfera social de um determinado período. E agora que outro período terminou – pois o ataque de Hitler à Polônia em 1939 encerrou uma época tão certamente quanto a grande recessão de 1931 encerrou outra –, podemos voltar atrás e ver com mais clareza

---

99. Trata-se do livro *Alexander Pope*, de 1930, sem edição no Brasil. (N. E.)

LIBERDADE E TOTALITARISMO

do que era possível alguns anos atrás a maneira como as atitudes literárias são afetadas por eventos externos. Algo que impressiona qualquer um que olhe para os últimos cem anos é que a crítica literária digna de atenção, e a atitude crítica em relação à literatura, mal existiam na Inglaterra entre aproximadamente 1830 e 1890. Não é que bons livros não tenham sido produzidos naquele período. Vários escritores daquela época, Dickens, Thackeray, Trollop e outros, provavelmente serão lembrados por mais tempo do que quaisquer que os sucederam. Mas não há figuras literárias na Inglaterra vitoriana que correspondam a Flaubert, Baudelaire, Gautier e uma série de outros. O que agora nos parece escrupulosidade estética dificilmente existia. Para um escritor inglês de meados da era vitoriana, um livro era em parte algo que lhe trazia dinheiro e em parte um veículo para pregar sermões. A Inglaterra estava mudando muito rapidamente, uma nova classe abastada havia surgido sobre as ruínas da antiga aristocracia, o contato com a Europa havia sido rompido e uma longa tradição artística havia sido quebrada. Os escritores ingleses de meados do século XIX eram bárbaros, mesmo quando eram artistas talentosos.

POSFÁCIO

Liberdade sob Cerco: O Eco de Orwell no Brasil do século XXI

Rafael Nogueira

A o fechar as páginas desta coletânea, o leitor percebe estar diante de textos que transcenderam sua época. Os ensaios aqui reunidos, escritos por George Orwell entre 1940 e 1946, nasceram em meio aos escombros da Segunda Guerra Mundial e ao surgimento de uma nova ordem geopolítica. Orwell testemunhava não apenas o horror dos campos de concentração nazistas, mas também a consolidação do stalinismo soviético e o início da Guerra Fria. Era um momento em que as democracias ocidentais, vitoriosas no conflito, começavam a perceber que a ameaça à liberdade não vinha apenas de regimes abertamente totalitários.

Estes ensaios são, portanto, cartas enviadas ao futuro. Não perderam vigor; amadureceram como advertências e se tornaram mais precisos na era digital, quando sistemas democráticos ao redor do mundo experimentam formas cada vez mais sofisticadas de controle do pensamento.

Orwell já percebia em sua época que a manipulação da linguagem, a imposição do consenso e a reescrita da história podiam acontecer mesmo sob governos eleitos, em sociedades tidas como abertas. Sua denúncia antecipava uma patologia cultural mais sutil: a transformação da liberdade em aparência, a substituição da divergência pelo consenso fabricado, a subordinação da arte à propaganda.

Aqui reunimos dez ensaios que convergem num ponto vital: a liberdade intelectual – isto é, a liberdade de pensar, de dizer, de escrever – não é ornamento da civilização, mas seu próprio oxigênio. Orwell escrevia como quem luta por ar em um ambiente que se fechava gradualmente. Para o autor de *1984*, a alma de uma cultura depende da honestidade intelectual de seus escritores, artistas, cientistas e professores. Quando se mente por medo, quando se cala por conveniência, ou quando se distorce a realidade para agradar ortodoxias ideológicas, a cultura não apenas se empobrece, ela adoece em suas estruturas fundamentais.

É nesse ponto que o livro encontra sua mais dolorosa atualidade no Brasil contemporâneo. Nas últimas décadas, o país tem experimentado uma erosão gradual da liberdade de expressão – não por meio de censura oficial declarada, mas mediante um aparato crescente de constrangimentos morais, judiciais e culturais. Exemplos concretos abundam: jornalistas processados por reportagens investigativas, estudantes perseguidos por opiniões controversas, magistrados investigados por decisões polêmicas, humoristas enfrentando processos por piadas. Em 2023, o Brasil ocupou a 92ª posição no ranking mundial de liberdade de imprensa da Repórteres Sem Fronteiras – um indicador preocupante para uma democracia.

O mecanismo é exatamente o que Orwell descreveu: questionar o consenso tornou-se heresia, dizer o óbvio virou provocação, fazer humor crítico transformou-se em risco jurídico. Quem escreve ou fala fora da ortodoxia vigente enfrenta campanhas de difamação, pressões econômicas e, por fim, sanções legais – tudo isso em nome da democracia, da ciência ou do bem comum.

Na esfera cultural, a situação revela-se ainda mais complexa. A boa literatura, o cinema de verdade, a música bem feita, que tanto nos ajudam a compreender o humano em sua grandeza e miséria, estão sendo gradualmente substituídos por produções domesticadas, obras que têm mais receio de incomodar do que desejo de revelar. A arte se vê obrigada a seguir manuais de conduta e a se autocensurar antes mesmo de nascer. Como previu Orwell, quando a mentira se normaliza, a verdade passa a ser considerada perigosa. O artista, o pensador e o escritor tornam-se alvos – primeiro de campanhas difamatórias, depois de boicotes econômicos, finalmente de processos judiciais.

O fenômeno transcende fronteiras nacionais. Democracias como Estados Unidos, Reino Unido, França e

LIBERDADE E TOTALITARISMO

Canadá enfrentam dilemas similares: a cultura do cancelamento, algoritmos que amplificam polarizações, pressão por conformidade ideológica em universidades – tudo isso compõe um quadro global que Orwell antecipou com precisão assombrosa.

O totalitarismo contemporâneo dispensa marchas militares ou campos de concentração. Opera por meio da manipulação sutil da linguagem, da imposição de narrativas únicas, da punição social de dissidentes. O controle do pensamento se apresenta não como tirania declarada, mas como virtude moral aparente.

O mais perturbador é que esse controle começa nas estruturas de poder e termina na alma de cada indivíduo. Uma alma amedrontada, artificial, condicionada. A mentira política, quando aceita, corrói também a integridade pessoal. A destruição da liberdade externa – das instituições, da imprensa, dos espaços públicos – acarreta sempre a destruição da liberdade interna – do pensamento, da consciência, da coragem.

Orwell defendia não apenas a liberdade do escritor publicar o que deseja, mas o direito – e o dever – de todo homem e mulher pensarem por conta própria, de modo honesto, ainda que incômodo. E isso é mais difícil do que parece. Como ele escreveu no ensaio "A Liberdade de Imprensa", muitas ideias impopulares hoje não precisam ser proibidas oficialmente: basta que sejam consideradas inaceitáveis nos círculos respeitáveis. A autocensura substitui o censor, e o silêncio triunfa sob a capa da civilidade.

Este livro oferece, portanto, mais que uma coletânea de ensaios brilhantes: constitui um manual de sobrevivência para inteligências livres. E talvez isso seja hoje o mais urgente, pois não há liberdade coletiva sem liberdade interior, nem democracia sem indivíduos capazes de discordar, nem cultura viva sem o risco de incomodar, nem arte verdadeira sem a coragem de ser fiel à própria consciência.

O exercício dessa liberdade começa com gestos aparentemente simples: ler livros que desafiem nossas convicções, ouvir opiniões que nos perturbem, questionar consensos mesmo quando isso nos custe socialmente. Significa recusar a linguagem manipuladora, resistir à pressão por conformidade, manter a honestidade intelectual mesmo quando ela for impopular. Na prática social, isso implica apoiar magistrados que arriscam sua carreira por fidelidade à lei e à consciência, defender o direito de estudantes falarem de temas controversos, proteger jornalistas independentes que investigam poderosos, preservar espaços onde o debate franco seja possível, prestigiar artistas que ainda produzem arte autêntica. Significa também educar-se continuamente, buscar fontes diversas de informação, desenvolver pensamento crítico independente.

Cada leitor pode começar se perguntando: que ideias evito examinar por medo da reprovação social? Que verdades deixo de dizer por conveniência? Que obras de arte ou pensamento rejeito automaticamente por virem de fontes "inadequadas"? Em que momentos cedo à pressão da conformidade? A liberdade intelectual não é privilégio de alguns, mas responsabilidade de todos.

Orwell nos ensinou que a primeira vitória do totalitarismo não acontece nas ruas ou nos parlamentos, mas na mente de pessoas comuns que decidem, por medo ou comodismo, parar de pensar. A primeira e mais importante batalha pela liberdade se trava, portanto, dentro de cada um de nós.

Que estes ensaios signifiquem, pois, um recomeço. Um chamado à vigilância permanente. Um lembrete de que a liberdade nunca foi conquista garantida, mas sempre construção frágil que exige defesa cotidiana. Fica o convite: que cada leitor, ao virar estas páginas, se pergunte o que Orwell pensaria do nosso tempo – e o que está disposto a fazer para que ele não se converta definitivamente em uma distopia.

Acompanhe a LVM Editora
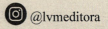 @lvmeditora

Acesse: www.clubeludovico.com.br
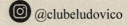 @clubeludovico

Esta edição foi preparada pela LVM Editora com tipologia Fairfield e Barlow Condensed, em junho de 2025.